Renate Maria Zerbe

Jesus – Leiden, Tod und Auferstehung

8 komplette Unterrichtseinheiten im Religionsunterricht der Grundschule
Klasse 1–4

Auer Verlag

Die Internetadressen, die in diesem Werk angegeben sind, wurden vom Verlag sorgfältig geprüft (Redaktionsschluss Februar 2013). Da wir auf die externen Seiten weder inhaltliche noch gestalterische Einflussmöglichkeiten haben, können wir nicht garantieren, dass die Inhalte zu einem späteren Zeitpunkt noch dieselben sind wie zum Zeitpunkt der Drucklegung. Der Auer Verlag übernimmt deshalb keine Gewähr für die Aktualität und den Inhalt dieser Internetseiten oder solcher, die mit ihnen verlinkt sind, und schließt jegliche Haftung aus.

Hinweisen an info@auer-verlag.de auf veränderte Inhalte verlinkter Seiten werden wir selbstverständlich nachgehen.

Gedruckt auf umweltbewusst gefertigtem, chlorfrei gebleichtem
und alterungsbeständigem Papier.

2. Auflage 2013
Nach den seit 2006 amtlich gültigen Regelungen der Rechtschreibung
© Auer Verlag
AAP Lehrerfachverlage GmbH, Donauwörth
Alle Rechte vorbehalten
Das Werk und seine Teile sind urheberrechtlich geschützt. Jede Nutzung in anderen als den gesetzlich zugelassenen Fällen bedarf der vorherigen schriftlichen Einwilligung des Verlages. Hinweis zu § 52 a UrhG: Weder das Werk noch seine Teile dürfen ohne eine solche Einwilligung eingescannt und in ein Netzwerk eingestellt werden. Dies gilt auch für Intranets von Schulen und sonstigen Bildungseinrichtungen.
Illustrationen: Marion El-Khalafawi, Horneburg
Satz: Fotosatz H. Buck, Kumhausen
Druck und Bindung: Kessler Druck + Medien GmbH, Bobingen
ISBN 978-3-403-**06850**-5

www.auer-verlag.de

Inhaltsverzeichnis

Vorwort 4

Jesus zieht in Jerusalem ein *(nach Lk 19,28–40/45–48; Mk 11,1–11/15–19; Mt 21,1–17)* 5
Lehrerinformation 7
Arbeitsblätter 8

Das letzte Abendmahl *(nach Mk 14,12–25; Lk 22,7–23; Joh 13,1–14,31; Mt 26,17–29)* 12
Lehrerinformation 14
Arbeitsblätter 15

Jesus wird verurteilt und gekreuzigt *(nach Mt 26,36–27,56; Lk 22,39–23,49; Mk 14,26–15,41; Joh 18,1–19,30)* 20
Lehrerinformation 22
Arbeitsblätter 23

Die Frauen am Grab *(nach Mk 15,42–16,8; Lk 23,50–24,12; Mt 27,62–28,8; Joh 19,31–20,18)* 28
Lehrerinformation 30
Arbeitsblätter 31

Die Emmausjünger *(nach Lk 24,13–35)* 38
Lehrerinformation 39
Arbeitsblätter 40

Himmelfahrt und das Pfingstereignis *(nach Mt 28,16–20/Lk 24,50–53 und Apg 1,1–14; 2,1–47)* .. 45
Lehrerinformation 47
Arbeitsblätter 48

Die Botschaft Jesu weitertragen *(nach Apg 2–12)* 54
Lehrerinformation 55
Arbeitsblätter 56

In Jesu Namen zusammenkommen *(nach Apg 2,43–47)* 61
Lehrerinformation 62
Arbeitsblätter 63

Anhang

Zusammenfassende Aufgaben 67
Ein kleines Wörterbuch zu den Erzählungen der Bibel 70

Vorwort

„Wer Ostern kennt, kann nicht verzweifeln."

(Dietrich Bonhoeffer)

Ostern ist das höchste und wichtigste Fest aller Christen, denn mit der Auferstehung Jesu beginnt die Verkündigung und Ausbreitung des Evangeliums. Ostern ist das älteste Fest, da es bis zurück in die Urchristenheit zurückgeht, während das Weihnachtsfest erst vom 5. Jahrhundert an gefeiert wurde.

Ostern feiern wir die befreiende Botschaft, dass wir durch Jesu Tod und Auferstehung erlöst sind von der alles vernichtenden Macht des Todes, der die radikalste Bedrohung des Menschen ist. Und so ist jeder Sonntag ein kleines Osterfest, an dem wir an Jesu letzte Tage in Jerusalem und seine Auferstehung erinnert werden.
Untrennbar mit der Auferstehung ist die Passionsgeschichte Jesu verbunden, die ihren Höhepunkt am Kreuz findet. Die Leidensgeschichte zeigt uns, dass schmerzvolle Ereignisse, von denen auch Jesus betroffen war und nicht verschont geblieben ist, zum Leben dazugehören. Doch danach folgt eine positive Weiterentwicklung, die Auferstehung, die allen Kraft und Hoffnung geben kann.
50 Tage nach dem Osterereignis feiern wir das Pfingstfest, als Fest der Ausgießung des Heiligen Geistes und der Gründung der Kirche. An diesem Tag fassten Jesu Jünger Mut, aus ihren Verstecken herauszukommen und öffentlich von Jesu Leben, Sterben und Auferstehung zu erzählen.

Im schulischen Kontext nehmen das Oster- bzw. Pfingstfest einen geringeren Stellenwert als z. B. Weihnachten ein, obwohl sie theologisch gesehen eine viel größere Bedeutung für uns Christen haben. Denn nur wer Ostern kennt und begreift, kann Weihnachten feiern. Insofern will dieser Band zu Jesu Leiden, Tod und Auferstehung auch diesen Abschnitt im Leben Jesu den Kindern näher bringen, in erzählender und emphatischer Weise. Es soll deutlich werden, dass Gott bei uns Menschen bleibt, sowohl im Leben als auch im Tod.
Das Leiden Jesu ist für alle Kinder unterschiedlichen Alters in der Grundschule von Bedeutung – deshalb sind die einzelnen Themen so aufbereitet, dass jeder Lehrer die Arbeitsblätter entnehmen kann, die seiner Stufe (Klasse 1–4) bzw. dem Zeitpunkt im Lehrplan entsprechen. In acht Kapiteln wird die Passion Jesu, seine Auferstehung sowie das Pfingstereignis behandelt. Jedes Thema besteht aus einer Lehrerinformation bzw. Schülerarbeitsblättern zur weiteren Bearbeitung. Zu jedem Themenschwerpunkt gibt es zudem eine kindgerechte Erzählfassung. Abschließend finden sich zusammenfassende Aufgaben, in denen die Kinder ihr bis dahin erworbenes Wissen einbringen können. Zudem enthält der Band ein Wörterbuch für die Schülerinnen und Schüler, welches wichtige Begriffe aufführt, die in den angesprochenen Erzählungen zu Jesu Leiden, Tod und Auferstehung vorkommen und von zentraler Bedeutung sind.

„Der auferstandene Christus macht das Leben der Menschen zu einem ununterbrochenen Fest des Glaubens."

(Athanasius von Alexandria)

Jesus zieht in Jerusalem ein *(nach Lk 19,28–40/45–48; Mk 11,1–11/15–19; Mt 21,1–17)*

Jesus und seine 12 Freunde waren auf dem Weg nach Jerusalem, um das Paschafest zu feiern. In Jerusalem aber hatte der Hohe Rat beschlossen, ihn zu fassen und zu töten, jedoch nicht am Paschafest, damit es keine Unruhen im Volk gab. Sie befürchteten nämlich, dass sie die Macht über das Volk verlieren würden, das sich mehr und mehr Jesu Lehren zuwandte. Auch verletzte Jesus ihrer Meinung nach die alten Gesetze und Überlieferungen. Jesus wusste, in welcher Gefahr er sich in Jerusalem begab, aber er war bereit, zu leiden und zu sterben, um den Menschen die Liebe Gottes zu zeigen und sie für Gott zu gewinnen.

Kurz vor Jerusalem in der Nähe von Betfage und Betanien sagte Jesus zu zwei Jüngern: „Lauft voraus und wenn ihr im Dorf ankommt, werdet ihr einen jungen Esel finden, der vor einem Haus angebunden ist. Bindet ihn los und bringt ihn mir. Und wenn euch jemand fragt, was ihr da macht, sagt ihr einfach: ‚Der Herr braucht den Esel.'" Die beiden Jünger gingen nach Betfage und fanden alles so vor, wie Jesus es ihnen gesagt hatte. Als sie den jungen Esel gerade losbinden wollten, fragten die Dorfbewohner, denen er gehörte: „Warum bindet ihr den Esel los?" „Der Herr braucht ihn", antworteten die zwei Jünger und führten den Esel weg. Dann warfen sie noch einige Mäntel auf den Eselrücken und halfen Jesus hinauf.

Die Jünger sollen einen Esel nehmen, damit Jesus in Jerusalem einreiten kann, anstatt eines Pferdes. Kannst du dir denken, warum?

Jesus ritt auf Jerusalem und das Stadttor zu, die Jünger gingen daneben. Pilger aus Galiläa, die zum Paschafest nach Jerusalem gekommen waren, erkannten Jesus und begrüßten ihn fröhlich. Bald wurde die Menschenmenge um ihn herum größer und aufgeregter. Einige Leute brachen Palmwedel ab, um Jesus zu seiner Ehre zu wedeln. Andere bereiteten Kleidungsstücke auf der Straße aus, um einen königlichen Weg für Jesus zu bereiten. Viele riefen und sangen: „Hosianna. Gepriesen sei der König, der im Namen Gottes kommt." Manche sagten lachend: „Da kommt der uns versprochene König."

Hosianna ist ein Ausruf der Freude und der Ehre Gottes. Jesus wird wie ein König empfangen, wie hättest du ihn in Jerusalem begrüßt?

Bald war die ganze Stadt in heller Aufregung und es schien, als wäre jeder auf den Beinen, um Jesus, den Mann aus Galiläa, zu sehen und zu begrüßen. Jesus hatte etwas Mühe, sich seinen Weg durch die Menge zu bahnen. Doch der geduldige Esel schaffte es. An der Straße standen aber auch Pharisäer, mit denen Jesus schon oft diskutiert hatte und die ihn nicht willkommen hießen.

Was dachten sie vielleicht über Jesu Einzug in Jerusalem?

Die strenggläubigen Pharisäer waren empört über die lärmende und aufgeregte Menge und riefen Jesus zu: „Sag deinen Jüngern, sie sollen sich ordentlich benehmen und endlich aufhören, hier herumzuschreien." Jesus machte sich weiter auf zum Tempel, einem heiligen Ort, und sah, dass es dort zuging wie auf einem Marktplatz. Die Händler boten laut schreiend ihre Opfergaben an: „Heute Lämmer und Tauben zu verkaufen. Kauft schöne Tauben."

Ein Tempel ist so ähnlich wie eine Kirche heute. Wie sollte man sich wohl in einem Tempel verhalten?

Ein Tempel ist ein Ort der Ruhe, an dem man mit Gott sprechen oder sich über die Bibel unterhalten kann, aber doch keine Markthalle! Wütend und kurz entschlossen ging Jesus auf die Händler zu und stieß ihre Tische um. „Was habt ihr bloß aus dem Haus Gottes gemacht, ihr Banditen!" Die Hohenpriester und Schriftgelehrten sahen zornig zu, was Jesus tat, und suchten nur nach einer Gelegenheit, um ihn loszuwerden. Auch waren sie neidisch darauf, dass Jesus von so vielen Menschen geliebt wurde, die im Tempel auf Jesus zugingen und ihn umringten. Danach ging Jesus nach Betanien und verbrachte dort die Nacht.

Palmsonntag denken wir an den Einzug Jesu in Jerusalem.

Lehrerinformation

Der Einzug Jesu in Jerusalem wird von allen vier Evangelisten überliefert. Jesus und andere Pilger waren auf dem Weg zum Paschafest in Jerusalem. In Betfage, was übersetzt „Stätte der jungen Feigen" bedeutet, hatte Jesus Vorbereitungen für seinen Einzug in die Stadt getroffen. Schon in Sacharija 9,9 wird das Kommen des Königs auf einem Eselfohlen angekündigt. Zum einen will Jesus diese Weissagung erfüllen, andererseits ritt in der Antike ein Herrscher auf einem Esel, der einen Friedensvertrag abschließen wollte. Im Gegensatz dazu war ein Pferd ein Kriegstier.

Die Pilger drängten sich um Jesus und jubelten ihm „Hosianna" zu, was soviel wie „Rette jetzt!" oder „Gib jetzt den Sieg!" bedeutet. Sie hofften wahrscheinlich, Jesus würde sie zu einem Sieg über die Besatzungsmacht führen, und so huldigten sie ihm wie einem König. Jesus allerdings kam mit einem ganz anderen Anliegen. Nach seinem Einzug ging er zuerst in den Tempel, um zu sehen, wie sich die Situation dort entwickelt hatte. Er warf die Händler und Geldwechsler kurzerhand heraus, dies war somit ein Protest gegen die Tempelbehörden, was diese auch erkannten. Doch in der Situation konnten die Priester nichts gegen ihn unternehmen, da Jesus die volle Unterstützung des Volkes genoss. Sie mussten noch ein paar Tage warten, um Jesus beseitigen zu können.

Weitere Ideen:

- Einstieg: Bild einer Stadt zeigen und einen König
  → Wie bereitet sich eine Stadt auf einen Empfang vor? Überleitung zur Erzählung, dass Jesus ein ganz anderer „König" war
- den Weg Jesu nach Jerusalem mit Legematerial gestalten lassen
- anhand einer Karte zeigen, wo die Orte Jerusalem, Betanien, Betfage liegen
- Palmbuschen basteln (unterschiedliche Möglichkeiten, je nach Region)
- Brauchtum rund um Palmsonntag (Beginn der Karwoche): Palmesel, Palmstöcke, Prozession
- Jesu Weg gestalten ähnlich einer Krippe gestalten: Passions- bzw. Ostergarten (Esel, Stoffstücke, Sand, Häuser von Jerusalem aus Pappmaschee für die 1. Station)
- ein Hungertuch gestalten (darum herum die Symbole der Passionsgeschichte)
- Rollenspiel zur Szene/Hörspiel erarbeiten
- Merkmale von Jesu „Königsherrschaft"
- Verweis auf König David (Mk 11,10)

Lieder:

In „Das große Liederbuch" (Rolf Krenzer, Lahn Verlag, Limburg 1993):

Der Esel, der den Herrn trug
Im Tempel in Jerusalem

In „Schwerter Liederbuch: Singt dem Herrn" (Verlag BDKJ, Paderborn 1990):

Jesus zieht in Jerusalem ein

(Anmerkung: Die erwähnten Liederbücher wiederholen sich bei den nachfolgenden Erzählungen.)

Jesus zieht in Jerusalem ein

a) Schreibe oder male in die Sprechblasen und Denkblasen, welche Gefühle, Ängste und Erwartungen die umstehenden Menschen hatten, als sie Jesus auf dem Esel sahen.

Ein besonderer Mensch wird empfangen

a) Suche Bilder aus Zeitschriften und Zeitungen, auf denen sichtbar wird, wie wichtige oder prominente Menschen empfangen werden.

b) Gestalte dazu eine kleine Collage auf diesem Arbeitsblatt.

c) Vergleiche nun mit dem Einzug Jesu.

Im Tempel

Der Tempel in Jerusalem war das wichtigste Gotteshaus der Juden, in dem sich die Bundeslade mit den 10 Geboten befand (zur Zeit Jesu aber war das Allerheiligste leer).

Im Tempel kamen die Juden besonders an den großen Festen zusammen, aber an den anderen Tagen im Jahr wurde auch morgens und abends durch die Priester ein Brandopfer dargebracht. Den Tempelbereich konnte man durch bestimmte Eingänge betreten. Umgeben war der Tempel von einem Vorhof, der mit Säulenhallen eingefasst war. Hier durften sich die Nichtjuden aufhalten, es wurden Opfergaben und Opfertiere verkauft und es fanden Lehrgespräche und Gebete statt.

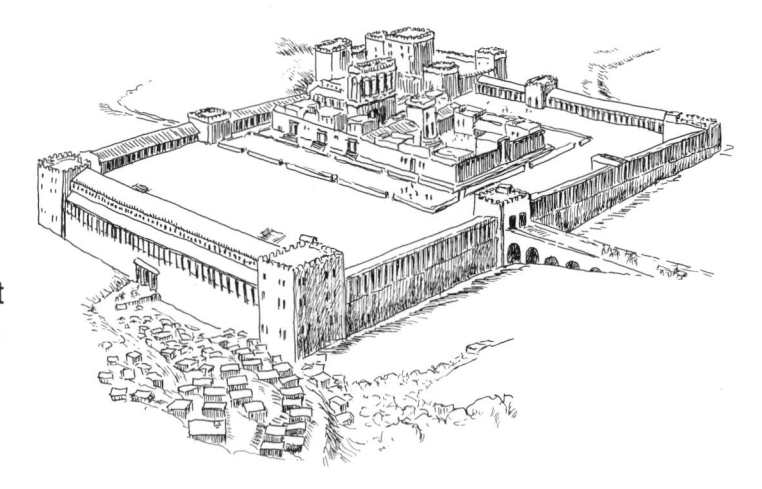

Treppen führten zum inneren Tempelhof, zunächst gab es den Hof der Frauen, dann den Hof der Männer und anschließend den Priesterhof mit dem Brandopferaltar. Das Allerheiligste durfte nur einmal im Jahr vom obersten Priester betreten werden, wo er ein Rauchopfer darbrachte.

a) Lies den Text.

b) Was wurde alles im Tempel gemacht?

c) Was hielt Jesus von all diesen Dingen? Denke daran, was er gesagt hat: „Ein Tempel ist ein Ort der Ruhe, an dem man mit Gott sprechen oder sich über die Bibel unterhalten kann, aber doch keine Markthalle!"

d) Trage in die Tabelle ein. Was sollte man in einem Gotteshaus machen und was nicht?

In einem Gotteshaus soll man …	In einem Gotteshaus soll man nicht …

Schattenspiel am Overheadprojektor

a) Schneidet die Figuren aus und klebt sie an Schaschlikspieße.

b) Nun könnt ihr die Erzählung vom Einzug Jesu in Jerusalem nachspielen. Einer von euch oder eure Lehrerin liest die Geschichte vor und die anderen bewegen die Figur, die sie sich ausgesucht haben.

Die Figuren können auch für ein Kartontheater genutzt werden.

Jünger    Jesus    Volk

Pharisäer    Esel

Das letzte Abendmahl (nach Mk 14,12–25; Lk 22,7–23; Joh 13,1–14,31; Mt 26,17–29)

Der feierlichste Teil des Paschafestes war das Paschamahl. Deshalb gab Jesus Petrus und Johannes den Auftrag, nach Jerusalem zu gehen, wo sie einen Mann mit einem Wasserkrug folgen sollten. „Folgt ihm in das Haus, in das er geht, und bittet den Hausherrn, euch den großen Raum im Obergeschoss zu zeigen, der schon mit Polstern ausgestattet ist. Richtet diesen Raum für unser Paschamahl her." Jesus wusste, dass seine Zeit gekommen war, dass er bald verraten, verhaftet und zum Tode verurteilt werden würde.

So war das Mahl das letzte gemeinsame Essen mit seinen Jüngern. Als sie am Abend in das Haus kamen, zog Jesus sein Obergewand aus und goss Wasser in eine Schüssel. Dann kniete er sich nieder und begann, den Jüngern der Reihe nach ihre staubigen Füße zu waschen.

Du musst nämlich wissen, dass die Menschen damals nur Sandalen trugen und ihre Füße deshalb schnell dreckig waren. Wie würdest du dich fühlen, wenn jemand dir die Füße waschen würde? Und was dachten sich wohl die Jünger?

Einzig und allein Petrus fand es merkwürdig, dass sich Jesus wie ein Diener verhielt, doch schließlich ließ auch er sich die Füße waschen. Nun zog Jesus sein Obergewand wieder an und setzte sich zu Tisch auf ein Kissen, denn damals saß man nicht auf Stühlen, sondern man saß oder lag auf großen Polsterkissen um einen niedrigen Tisch. Dann sagte Jesus: „Ich habe euch die Füße gewaschen, um euch ein Beispiel zu geben, wie ihr euch verhalten sollt. Obwohl ich euer Lehrer bin, habe ich euch gezeigt, bescheiden und gut zueinander zu sein. Lernt von nun an, ebenso zu handeln und euch gegenseitig zu dienen."

Während des Mahls nahm Jesus das flache Brot, segnete es und brach es in Stücke, für jeden Jünger eins. „Nehmt es und esst davon. Dieses Brot ist mein Leib, den ich für euch hingebe." Anschließend nahm er den Becher mit Wein und segnete ihn. Er gab ihn in die Runde, damit jeder daraus trinken konnte. „Trinkt alle davon, das ist mein Blut, das für euch vergossen wird. Macht es als Erinnerung an mich ebenso, wenn ich von euch gegangen bin."

Bestimmt hast du diese Worte schon gehört. Erzähle davon!

Während des Essens war Judas Iskariot weggegangen, um den Feinden von Jesus zu verraten, wo sie Jesus allein antreffen könnten, um ihn zu verhaften. Für diesen Verrat bekam Judas 30 Silberstücke.

Hast du auch schon irgendwann einmal jemanden verraten? Wie ging es dir dabei und warum hast du es gemacht?

Im Saal sagte Jesus traurig zu seinen Jüngern: „Bald wird man mich verhaften, verurteilen und kreuzigen. Ich gehe heim zu meinem Vater und ihr werdet mich alle allein lassen, noch bevor die Nacht zu Ende ist." „Ich bestimmt nicht", widersprach Petrus energisch. „Doch Petrus, weil du Angst hast, was sehr menschlich ist, wirst du dreimal sagen, dass du mich nicht kennst, noch bevor der Hahn zweimal gekräht hat." „Nein, niemals und wenn ich sterben müsste", beteuerte Petrus. Doch Jesus entgegnete nur: „Du wirst schon sehen. Habt aber keine Furcht, ich komme bald wieder, denn drei Tage später werde ich vom Tod auferstehen und zu meinem Vater in den Himmel gehen. Sorgt euch nicht, wenn ihr mich dann nicht mehr seht. Ich werde euch den Heiligen Geist senden, der euch Kraft und Mut gibt, den Menschen zu erzählen, was ihr von mir gelernt habt. Habt keine Angst und vertraut auf Gott." Dann ging Jesus mit seinen Jüngern zum Ölberg in den Garten Gethsemani, um in Ruhe mit Gott, seinem Vater, zu sprechen.

Wie fühlt sich Jesus wohl in dem Garten, als er mit Gott spricht? In welcher Situation hattest du auch große Angst?

Wir Christen denken am Gründonnerstag an Jesu letztes Abendmahl.

Lehrerinformation

Die Erzählung vom Abendmahl finden wir bei allen vier Evangelisten, wobei Johannes seinen Blick vornehmlich auf die Fußwaschung richtet. Vor einem Fest wurden die Füße der Gäste mit Wasser gewaschen, manchmal in einer besonderen Schüssel. Mit diesem Dienst zeigt Jesus seinen Jüngern, dass er aus reiner Liebe handelt, auch wenn er weiß, dass Judas ihn verraten wird. Er gab ihm sogar noch die Chance, sein Vorhaben nicht auszuführen, doch Judas entfernt sich aus dem Jüngerkreis. Das Haus, in dem er sein Mahl hielt, war vermutlich das in der Apostelgeschichte 12,12 erwähnte Haus der Mutter des Markus. Da er von dem Verrat des Judas wusste, versuchte er so lange wie möglich, den Ort des Abendmahls verborgen zu halten. Für Petrus und Johannes war es leicht, den Gastgeber, einen Wasserkrug tragenden Mann, unter den vielen Menschen in Jerusalem zu erkennen. Normalerweise trugen nämlich Frauen solche Krüge, Männer benutzten Wasserschläuche. Jesus hatte also schon vorher abgesprochen, wo er das Mahl feiern wollte. Die weitere Reihenfolge des Abendmahls wird von Markus, Matthäus und Lukas mit einigen unbedeutenden Unterschieden eingehalten. Jesus segnet Brot und Wein und bietet es seinen Jüngern an, verbunden mit dem Hinweis, sich an ihn zu erinnern und das Mahl ebenso zu feiern. Anschließend führt Jesu Weg zum Ölberg in den Garten Gethsemani, von dem heute allerdings nur einige uralte Ölbäume übrig geblieben sind.

Weitere Ideen:

- Einstieg: Fladenbrot teilen bzw. Traubensaft austeilen (Sitzkreis auf Teppichfliesen)
  → Schüleräußerungen abwarten, dann erfolgt die Erzählung
  Vorher könnte man das Brot selbst backen
  → der Festcharakter in Gemeinschaft muss deutlich werden
- Bilder vom Abendmahlssaal/Garten Gethsemani zeigen
- Betrachten von unterschiedlichen Abendmahlsbildern, z. B. A. Dürer (1523), Otto Pankok
- Erzählung mit Instrumenten untermalen
- die Erzählung szenisch gestalten
- Haus und Garten für den Passionsgarten basteln
- Brauchtum rund um Gründonnerstag
- Abendmahl
  → Messe, Eucharistie
- einen der Jünger (z. B. Petrus oder Judas) die Ereignisse aus seiner Sicht erzählen lassen
- das Hungertuch weiter gestalten (Symbol Brot und Wein/Betende Hände)

Lieder:

Das große Liederbuch:	Jesus schenkt Brot zu dem Fest
	Das Festmahl
Schwerter Liederbuch:	Manchmal feiern wir
	Wenn das Brot, das wir teilen
Gotteslob:	Beim letzten Abendmahle

Das Paschafest

Das Paschafest zählt zu den Wallfahrtsfesten, d. h. alle frommen Juden sollten an diesem Fest nach Jerusalem in den Tempel pilgern.

Ursprünglich war dieses Fest ein Erntefest, das immer im Frühjahr gefeiert wurde. Weil das Fest zu den wichtigsten Festen zählt, kamen unzählige Pilger nach Jerusalem, bis zu 150 000 Menschen. Dazu musst du wissen, dass Jerusalem selbst nur 4 000 Einwohner hatte, aus diesem Grund dauerte das Fest eine Woche. Im Laufe der Zeit allerdings wurde aus dem Erntefest ein Fest zur Erinnerung an den Auszug, die Befreiung aus Ägypten.

Der Sederabend, der einen festgelegten Ablauf hat, wird in der Familie gefeiert. Alle Familienmitglieder sitzen um einen großen Tisch, wobei der Vater, der Leiter der Feier, am oberen Ende sitzt und sein jüngster Sohn neben ihm. Alle Männer tragen übrigens die sogenannte Kippa, ein Käppchen, auf dem Kopf.

Zuerst spricht der Vater den Segen über den Wein und alle trinken einen Becher. Anschließend werden Bitterkräuter, z. B. Meerrettich in Salzwasser getaucht und gegessen. Nun nimmt der Vater Mazzen, eine Art Fladenbrot, und verteilt es an seine Familienmitglieder, während er einen Spruch dazu sagt. Außerdem sind noch auf dem Tisch: eine Schale mit braunem Fruchtmus, ein Lammknochen, ein hartgekochtes Ei und grüne Kräuter (z. B. Petersilie).

Während der Feier stellt der jüngste Sohn seinem Vater einige Fragen, die dieser mit dem Erzählen der Geschichte des Volkes Israel und seiner Befreiung aus Ägypten beantwortet. Nachdem die vorgegebene Feier beendet ist, werden noch Lieder gesungen und man unterhält sich.

Dinge auf dem Sedertisch	Bedeutung
Bitterkraut und Salzwasser	Armut in Ägypten
Mazzen	gute Ernte im Lande Kanaan
braunes Fruchtmus	Tränen in der Sklaverei Ägyptens
ein Lammknochen	erinnert an die Lehmziegel
ein hartgekochtes Ei	karges Leben, Lamm schlachten vor der Flucht und Blut an Pfosten streichen
grüne Kräuter	erinnern an Festopfer im Jerusalemer Tempel

a) Lies den Text.

b) Ordne den Dingen auf dem Sedertisch ihre mögliche Bedeutung zu. Arbeite mit einem Partner zusammen.

Das letzte Abendmahl

Die Fußwaschung

Jesus wäscht seinen Jüngern die Füße – dies wurde damals normalerweise von Sklaven an den Gästen ausgeführt. Jesus hat die Arbeit freiwillig gemacht, um so den Jüngern seine Liebe zu zeigen.

a) Überlege für jeden Fuß:

- Welche Aufgaben machst du nicht gern, die aber gemacht werden sollten, aus Liebe zu einem anderen Menschen?
- Was kannst du tun, um für andere da zu sein?

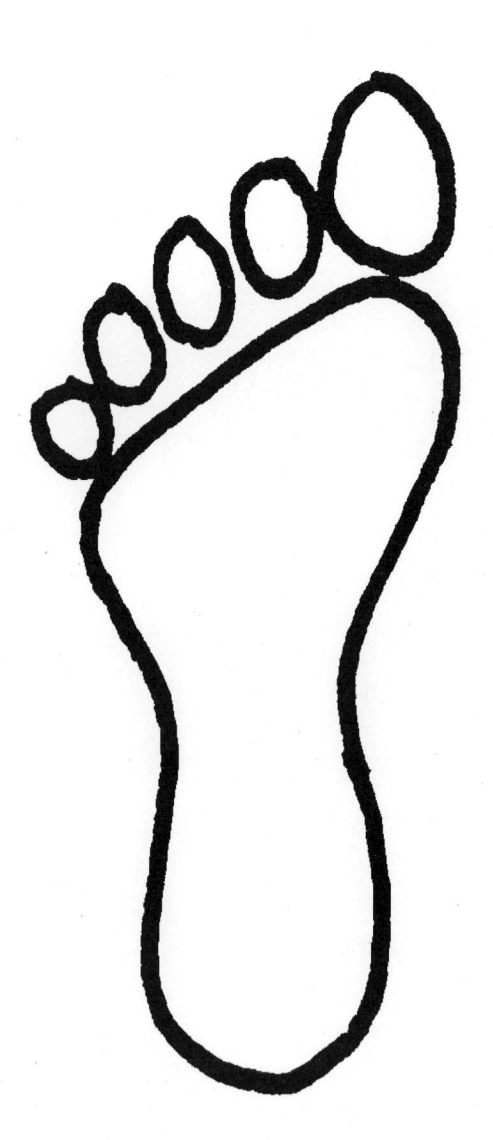

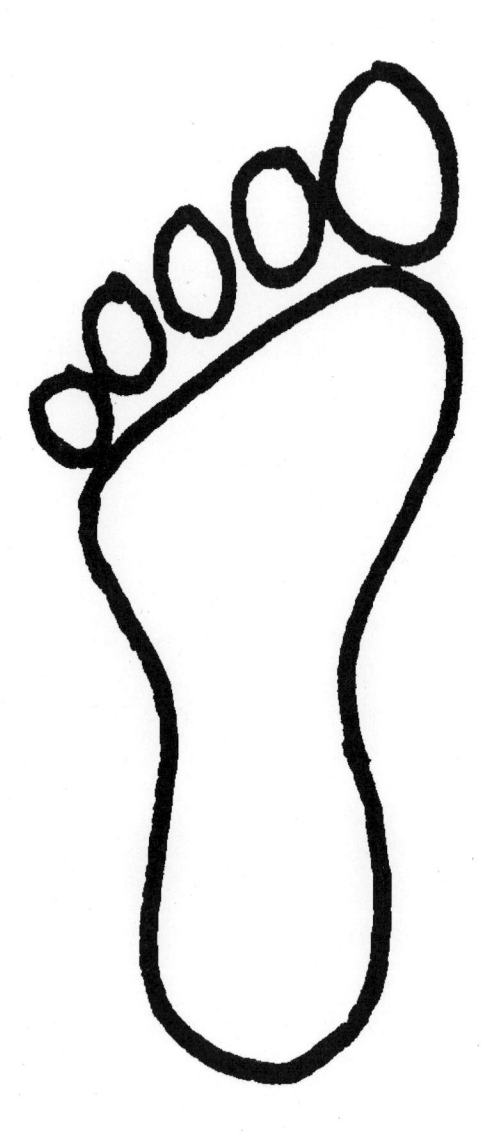

Im Garten Gethsemani

Nach dem Abendmahl ging Jesus aus Jerusalem hinaus zum Ölberg in einen stillen Garten, namens Gethsemani, was übersetzt „Ölpresse" bedeutet. Seine drei liebsten Jünger Johannes, Jakobus und Petrus nahm Jesus mit in eine ruhige Ecke des Gartens. Dort wollte er zu seinem Vater beten und die Jünger sollten Wache halten. Jesus ging alleine ein Stück weiter. Zweimal kam Jesus zurück und fand die Jünger schlafend vor, denn sie waren sehr müde.

a) Male das Bild mit Farben an, die deutlich machen, wie sich Jesus fühlt.

b) Schreibe unter das Bild ein Gebet aus der Sicht Jesu, in dem er von seinen Gefühlen, Ängsten, aber auch Hoffnungen spricht.

c) Sammle Adjektive, die die Gefühle der Jünger bzw. Jesu gut beschreiben. Schreibe sie auf kleine graue Zettel und klebe sie um das Bild.

Auch ich habe Angst …

a) Male oder beschreibe ein eigenes Angsterlebnis. Wann hattest du Angst? Was hast du getan, um die Angst zu mildern?

Paschalamm – Abendmahl – Messe

Das Paschafest ist eine Erinnerung an den Auszug aus Ägypten (siehe Ex 10–13). Vor langer Zeit waren die Juden aus Ägypten ausgezogen. Gott hatte sie damals von der Sklavenarbeit und Unterdrückung befreit; die Israeliten hatten ein Lamm geschlachtet und es so gegessen, wie Gott es ihnen befohlen hatte. Am nächsten Tag zogen sie fort, weg aus Ägypten in Richtung Freiheit und Gott gab ihnen mit auf den Weg: „Denkt immer an die Befreiung, dass ihr gerettet wurdet. Zur Erinnerung sollt ihr dieses Paschalamm immer aufs Neue essen." So feiern die Juden seitdem Jahr für Jahr das Paschafest.

Auch Jesus als Jude feierte mit seinen Jüngern das Paschafest, aber er gab dem alten Fest eine ganz neue Bedeutung. Brotbrechen und Weintrinken sollten eine Erinnerung an ihn und seine Botschaft sein und auch die Menschen miteinander bei der Feier verbinden. Die ersten Christen feierten auch dieses Mahl und sprachen Jesu Worte, wie beim Abendmahl, dazu.

Bis heute ist diese Handlung Jesu weitergegeben worden. In jeder Messe erinnert der Priester an das letzte Abendmahl, an den Tod und die Auferstehung Jesu, aber auch daran, dass er wiederkommt. Wenn er die Hostie hochhält, spricht der Priester: „Nehmt und esset alle davon. Das ist mein Leib, der für euch hingegeben wird." Über den Wein sagt der Priester: „Nehmt und trinket alle daraus: Das ist der Kelch des Neuen und ewigen Bundes, mein Blut, das für euch und für alle vergossen wird zur Vergebung der Sünden. Tut dies zu meinem Gedächtnis." Was bei der Eucharistiefeier passiert, ist ein Geheimnis des Glaubens und während der Messe werden all diese Geheimnisse (drei an der Zahl) noch einmal genannt:
Deinen Tod, oh Herr, verkünden wir
und deine Auferstehung preisen wir,
bis du kommst in Herrlichkeit.

Die Juden feiern das Paschalamm zur Erinnerung _____ .

Jesus feierte mit den Jüngern das _____ .

Er wollte, dass die Jünger es immer wieder tun und an ihn denken.

Die ersten Christen feierten die Messe zusammen. Sie sprachen über Jesus und

sagten die Sätze über _____ und _____ .

Überall auf der Welt feiern Christen heute _____ . Messe ist griechisch und

bedeutet Entlassung/Sendung.

a) Lies den Text und vervollständige den Lückentext.

b) Welche Familienfeste kennst du, die immer wieder gefeiert werden, um sich an ein Ereignis zu erinnern? Gibt es da auch bestimmte Zeichen und Handlungen?

Jesus wird verurteilt und gekreuzigt (nach Mt 26,36–27,56; Lk 22,39–23,49; Mk 14,26–15,41; Joh 18,1–19,30)

Im Garten Gethsemani waren die Jünger Jesu vor Müdigkeit eingeschlafen. Auf einmal rüttelte Jesus die Jünger wach: „Es ist soweit. Mein Verräter ist gekommen." Ein Trupp Tempelwächter und römischer Soldaten, mit Schwertern, Keulen und Fackeln bewaffnet, war gekommen, angeführt von Judas Iskariot. Um sicherzugehen, dass sie den Richtigen verhafteten, hatte Judas mit ihnen abgesprochen, dass er Jesus küssen würde. Er kam direkt auf Jesus zu. „Sei gegrüßt, Herr!", sagte er mit lauter Stimme und gab Jesus einen Kuss. Sofort stürmten die Soldaten auf Jesus los, fesselten ihm seine Hände und wollten ihn wegführen.

Was tun die Jünger nun? Denkt daran, der Garten ist voller Soldaten!

Die Jünger, besonders Petrus, wollten Jesus schützen und verteidigen, aber Jesus wollte das nicht. So flohen seine Jünger voller Angst in die Dunkelheit; Simon Petrus aber kehrte wenig später um und folgte heimlich den Männern, die Jesus zum Haus des Hohenpriesters Kajaphas brachten, bei dem sich die Schriftgelehrten und Ältesten versammelt hatten. Im Hof wärmte sich Petrus an einem Feuer und drei Personen sagten zu ihm: „Du gehörst doch auch zu Jesus, du warst bei ihm."

Und was antwortete Petrus ihnen? Was hättest du gesagt?

Petrus schwor jedes Mal, dass er Jesus überhaupt nicht kennen würde, und im gleichen Moment krähte ein Hahn zweimal. Da erinnerte sich Petrus an die Worte Jesu.

Kajaphas, der Hohepriester, war der Vorsitzende des obersten jüdischen Gerichts, des Sanhedrin. Er und einige Schriftgelehrte hatten vorher einige Leute bezahlt, die Lügen über Jesus erzählen sollten, damit er zum Tode verurteilt werden könne. Aber die Leute waren sich untereinander nicht einig und erzählten widersprüchliche Geschichten. Da fragte Kajaphas: „Bist du der Messias, der Sohn Gottes?" Jesus antwortete: „Du sagst es, ich bin der Sohn Gottes." „Das ist Gotteslästerung, wir brauchen keine Zeugen mehr!", rief Kajaphas den Männern des Rates zu. „Wie lautet das Urteil?" „Schuldig, er muss sterben!", riefen sie alle. Die Strafen für Gotteslästerung war der Tod, doch nur der römische Statthalter, Pontius Pilatus, konnte Todesurteile aussprechen. So wurde Jesus vor Pilatus' Richterstuhl geschleppt. Pilatus fragte ihn: „Bist du der König der Juden?" „Ja, das bin ich, aber mein Königreich ist nicht von dieser Welt", antwortete Jesus schließlich. Pilatus merkte schnell, dass Jesus kein wilder Rebell gegen die Römer war, und wollte ihn freilassen. Da sich zu der Zeit Herodes, der Verwalter Galiläas, in Jerusalem aufhielt, schickte er Jesus zu ihm. Da jener auch keine Schuld fand, ließ er Jesus wieder zu Pilatus bringen.

Am Paschafest war es üblich, dass ein zum Tode Verurteilter freigelassen wurde. Pilatus hoffte, so Jesus retten zu können. Das Volk sollte wählen, wer freigelassen werden sollte. „Wollt ihr Jesus oder Barrabas?", fragte Pilatus. Barrabas war ein Mörder, Räuber und Schläger. Die Menge rief: „Wir wollen Barrabas!" Pilatus fragte noch einmal, doch die Menge, die von den Hohenpriestern aufgewiegelt worden war, verlangte Jesu Tod am Kreuz. Weil Pilatus einen Volksaufstand in der übervölkerten Stadt fürchtete, wusch er sich vor allen die Hände und unterschrieb den Befehl, Jesus zu kreuzigen.

Warum wusch sich Pilatus die Hände? Denke auch ans Sprichwort „sich die Hände in Unschuld waschen".

Damit wollte er zeigen, dass er keine Verantwortung für den Tod eines Unschuldigen übernahm.

Die Soldaten schleppten Jesus weg, zogen ihm seine Gewänder aus und kleideten ihn wie einen König. Jesus bekam einen roten Mantel und eine Krone aus spitzen scharfen Dornenzweigen. Sie machten sich über Jesus lustig, schlugen ihn und ließen ihn das schwere Holzkreuz durch die Straßen Jerusalems zum Berg Golgotha tragen, der vor der Stadt lag. Weil Jesus geschwächt war und auf seinem Weg öfters zusammenbrach, musste Simon von Zyrene der zufällig des Weges kam, das Kreuz tragen. In der gleißenden Sonne gelangten sie schließlich zum Gipfel Golgothas, was übersetzt „Schädelhöhe" heißt, denn dort wurden Mörder und Räuber hingerichtet.

Die Soldaten legten Jesus auf das Kreuz, nagelten ihn fest und richteten das Kreuz auf. Über seinem Kopf befestigten sie eine Tafel mit der Aufschrift: König der Juden. Mit ihm wurden noch zwei Räuber gekreuzigt, einer rechts und der andere links von Jesus.

Die Schriftgelehrten, Hohenpriester und die Soldaten verspotteten Jesus noch weiter in dieser schweren Stunde: „Na, du hast doch so viele Wunder vollbracht. Steig vom Kreuz, du bist doch angeblich Gottes Sohn." Jesus aber blickte zum Himmel: „Vater, vergib ihnen. Denn sie wissen nicht, was sie tun!"

Um die Mittagszeit verfinsterte sich der Himmel schlagartig. Das dauerte bis nachmittags um 15 Uhr an. Jesus schrie noch einmal laut auf: „Jetzt ist alles vollendet. Vater, in deine Hände lege ich meinen Geist." Dann starb Jesus und im gleichen Moment bebte die Erde und der Tempelvorhang riss entzwei. Die Mutter Jesu hatte alles mit angesehen, zusammen mit dem Lieblingsjünger Jesu, der Johannes hieß.

Was geht Maria jetzt durch den Kopf? Hast du schon den Tod eines lieben Menschen miterlebt? Wie geht es einem dabei?

Bevor Jesus starb, gab er Johannes den Auftrag: „Sorge bitte für meine Mutter." Und Johannes tat es, als wäre es seine eigene Mutter.

Diesen traurigen Tag nennen wir bis heute Karfreitag.

Lehrerinformation

Die Erzählungen von der Gefangennahme Jesu bis zum Tod am Kreuz werden von allen vier Evangelisten überliefert. Jesus wurde zunächst im Garten Gethsemani verhaftet, der am westlichen Abhang des Ölbergs lag. Judas verriet Jesus mit einem Kuss, was der traditionelle Gruß eines Jüngers war, wenn er seinem Rabbi begegnete. Der Kuss war somit Ausdruck von Respekt und Treue. Im Hause des Hohenpriesters Kajaphas warteten die Mitglieder des Hohen Rates, um Anklagen gegen Jesus zu erheben, die auch die römischen Behörden anerkennen würden. Eigentlich war es dem Hohen Rat nicht erlaubt, nachts zusammenzukommen – deshalb mussten sie am nächsten Tag ihr Urteil der Nacht offiziell bestätigen. Trotzdem sind im Verlauf der Verhandlung Ungereimtheiten festzuhalten: So hätten zuerst Entlastungszeugen gehört werden müssen und Zeugen mussten darauf aufmerksam gemacht werden, nur die Wahrheit auszusagen. An einem jüdischen Festtag durfte eine Gerichtsverhandlung überhaupt nicht stattfinden und Todesurteile durften dem Gesetz nach erst 24 Stunden nach der Gerichtsverhandlung verkündet werden. Pilatus, römischer Statthalter von Judäa, unterstand dem Kaiser Tiberius und die Juden beschwerten sich, wenn ihnen etwas nicht passte. Pilatus konnte es sich nicht leisten, wieder eine Beschwerde auf sich zu nehmen, und so wollte er – von Jesu Unschuld überzeugt – Jesus unter den Bedingungen der Paschaamnestie freilassen. Doch genau das führte zum Sieg der Hohenpriester, denn die angestachelte Menge forderte Jesu Tod am Kreuz. Bevor Jesus gekreuzigt wurde, musste er noch Spott und Hohn ertragen und sein Kreuz, den Querbalken, nach Golgotha tragen. Dem Tode Jesu ging eine dreistündige Finsternis, evtl. ein übernatürliches Phänomen, voraus und mit dem Schrei „Es ist vollbracht!", starb Jesus. Der zerrissene Tempelvorhang war ein Zeichen der Trennung des Menschen von Gott.

Weitere Ideen:

- Einstieg: diverse Symbole der Leidensgeschichte auf einem schwarzen Tuch in der Kreismitte auslegen, Schüleräußerungen abwarten
- eigenes Kreuz aus Ton anfertigen (mit Steinen als Wundmale)
- Symbole für den Passionsgarten/Hungertuch: Nägel, Strick, Dornen, Hahn, 3 Kreuze, Berg Golgotha aus Pappmaschee
- Erzählung mit Instrumenten gestalten
- einzelne Szenen als Rollenspiel darstellen
- Karwoche: Traditionen rund um Gründonnerstag, Karfreitag und Karsamstag
- Interview mit Pilatus, Barrabas und einigen Männern, ob das Urteil gerecht ist, ob sie ein gutes Gewissen haben, was sie von Jesus halten etc.
- Kreuzweg betrachten in der Kirche

Lieder:

Schwerter Liederbuch:	Zeig mir den Weg zum Kreuz
	Als Jesus gestorben war
Das große Liederbuch:	Wir wollen seine Freunde sein
	Ihr Freunde, lasst euch sagen
Gotteslob:	O Haupt voll Blut und Wunden

Auch wir handeln manchmal wie …

… Petrus.

Petrus hat dreimal so getan, als ob er Jesus nicht kennen würde.
Hast du dich deinem Freund/deiner Freundin gegenüber auch schon so verhalten?

_____

_____

… Judas.

Judas hat den Hohenpriestern für Geld verraten, wo sie Jesus finden würden.
Hast du auch schon jemanden verraten? Wann und warum?

_____

_____

… Pilatus.

Pilatus hat Jesus zum Tode verurteilt, obwohl er wusste, dass Jesus unschuldig war. Hast du auch andere zu Unrecht verurteilt? Wann und weshalb?

_____

_____

… die Soldaten.

Die Soldaten haben Jesus verspottet, ausgelacht und gekreuzigt.
Hast du schon einmal andere ausgelacht, beleidigt, unterdrückt oder ausgenutzt?

_____

_____

Jesu letzter Weg durch Jerusalem

a) Hier siehst du einen Plan von Jerusalem. Notiere zu jeder Nummer, was dort geschehen ist.

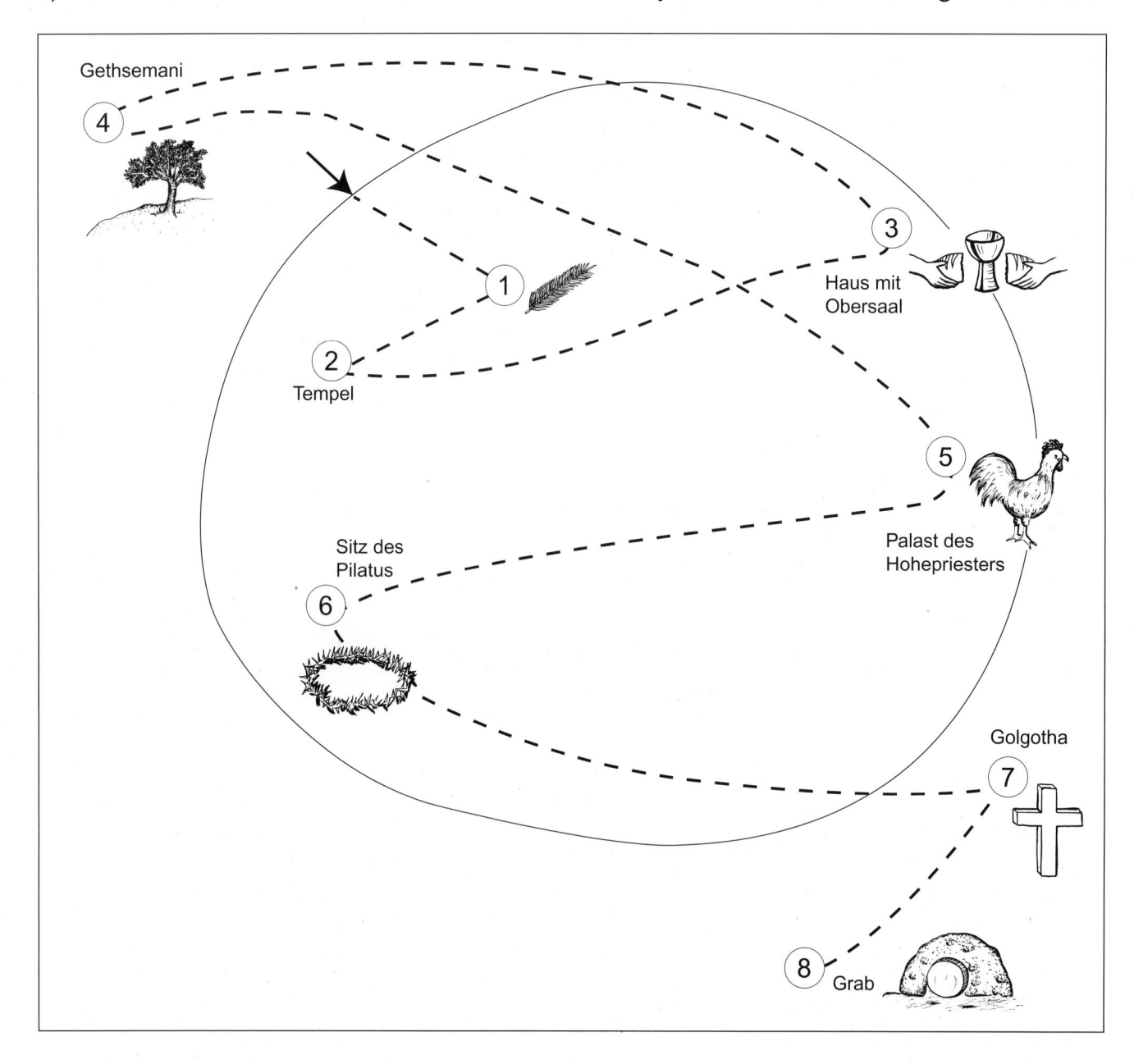

1 _____
2 _____
3 _____
4 _____
5 _____
6 _____
7 _____
8 _____

24 Jesus wird verurteilt und gekreuzigt

Einen Kreuzweg gestalten

Der Kreuzweg hat 14 Stationen und man findet diesen z. B. in katholischen Kirchen auf Bildern dargestellt.

a) Was können uns die einzelnen Stationen heute sagen? Überlegt zunächst in Partnerarbeit und stellt eure Ergebnisse vor. Wenn euch nichts einfällt, lest euch die Hinweise hinter der jeweiligen Station durch.

b) Gestaltet nun zu zweit eine Station auf einem DIN-A3-Karton. Überlegt euch, welche Materialien ihr benötigt (z. B. Steinchen, Sand, Draht, Dornen, Stoffreste, Papier, kleine Nägel, Zeitschriften …)

1. Jesus wird zum Tode verurteilt:
   - Todesurteile gibt es auch in anderer Weise: Wer anders aussieht, anders redet, anders denkt als wir, den verurteilen wir.

2. Jesus nimmt das Kreuz auf sich:
   - Kranke, Leidende nehmen ihr Schicksal geduldig auf sich, auch wenn es schwerfällt.

3. Jesus fällt zum ersten Mal unter dem Kreuz:
   - Beulen, aufgeschlagene Knie, die erste 5 oder 6 in der Arbeit
   - Menschen, die unter Belastungen zusammenbrechen

4. Jesus begegnet seiner Mutter:
   - Menschen, die einfach da sind, wo jemand leidet
   - Mütter, die ihre Kinder leiden sehen, die mitleiden

5. Simon von Zyrene hilft Jesus, das Kreuz tragen:
   - Menschen in helfenden Berufen (Ärzte, Sanitäter …)
   - nicht nur tatenlos zusehen, sondern auch mithelfen

6. Veronika reicht Jesus das Schweißtuch:
   - den Mut für eine kleine Tat, ein aufmunterndes Wort

7. Jesus fällt zum zweiten Mal unter dem Kreuz:
   - jemanden fallenlassen, ihn aufgeben, nicht beachtet werden
   - schon wieder von jemandem enttäuscht werden

8. Jesus begegnet den weinenden Frauen:
   - aus Trauer, Schmerz und Wut weinen
   - Weinen als eine Erleichterung, neu anzufangen

9. Jesus fällt zum dritten Mal unter dem Kreuz:
   - Jemand ist fix und fertig, trotzdem rafft er sich wieder auf, vielleicht mit letzter Kraft.
   - halten, was man versprochen hat, auch wenn es schwerfällt

10. Jesus wird seiner Kleider beraubt:
    - Jemand wird bloßgestellt und man lacht über ihn.
    - Menschen werden unwürdig behandelt und man macht sich über sie lustig.

11. Jesus wird ans Kreuz genagelt:
    - wehrlos gequält werden, sich als der Stärkere fühlen

12. Jesus stirbt am Kreuz:
    - Menschen sterben: im Krieg, bei Unfällen, in Krankenhäusern, vor Hunger, zu Hause.
    - Alle müssen sterben.

13. Jesus wird vom Kreuz abgenommen und in den Schoß seiner Mutter gelegt:
    - Liebgewonnene Menschen sterben.
    - Man wird von einer schweren Krankheit erlöst.

14. Jesus wird ins Grab gelegt:
    - Menschen werden beerdigt; wir hoffen auf ein Leben nach dem Tod.

Der letzte Tag

a) Schneide die Bilder und Texte aus.

b) Bringe die Texte in die richtige Reihenfolge und ordne dann die passenden Bilder zu. Klebe anschließend die Texte und Bilder auf.

Petrus sagt dreimal, er kenne Jesus nicht. Der Hahn kräht.

Jesus trägt das schwere Kreuz.

Jesus geht zum Ölberg und betet im Garten Gethsemani.

Jesus wird verspottet und bekommt eine Dornenkrone.

Jesus stirbt am Kreuz.

Von Pilatus wird Jesus verurteilt.

Jesus wird verurteilt und gekreuzigt

Erinnerungen ...

a) Versetze dich in eine der Personen und schreibe in Ich-Form auf, wie sie die Verurteilung und die Kreuzigung Jesu erlebt haben.

Soldat: Von Pilatus bekamen wir den Befehl, Jesus zu kreuzigen. Wir machten uns über Jesus lustig ...

Maria: Mein Sohn ist ein herzensguter Mensch, der niemandem etwas Böses getan hat. Aber der Freitag war für mich ein sehr schlimmer Tag. Ich musste mit ansehen ...

Pilatus: Kurz vor dem Paschafest der Juden, kam ihr oberster Priester Kajaphas zu mir und lieferte mir einen Mann namens Jesus aus ...

Petrus: Nach dem Abendmahl waren wir noch im Garten Gethsemani, als plötzlich Soldaten Jesus gefangen nahmen und abführten. Vor Angst floh ich in die Dunkelheit, aber dann ...

Kajaphas: Jesus war uns schon lange im Weg, das Volk hörte nicht mehr auf uns, sondern lief nur diesem Gotteslästerer hinterher. Als er nach Jerusalem auf einem Esel einritt, hatten wir genug von ihm und wir beschlossen, ihn endgültig zu beseitigen. Dabei half uns einer seiner Jünger ...

Die Frauen am Grab *(nach Mk 15,42–16,8; Lk 23,50–24,12; Mt 27,62–28,8; Joh 19,31–20,18)*

Am Abend des Tages, als Jesus gestorben war, gingen Josef aus Arimathäa, ein reicher Mann und Mitglied des religiösen Rats der Juden, und sein Freund Nikodemus zu Pilatus. Sie waren heimliche Anhänger von Jesus und baten Pilatus um die Erlaubnis, den Leichnam Jesu beerdigen zu dürfen. Das musste schnell geschehen, noch bevor bei Sonnenaufgang der Sabbat anfing. Josef besaß einen Garten in der Nähe des Berges Golgotha, in dem schon ein Grab für ihn und seine Familie gebaut worden war. Josef und Nikodemus hatten keine Zeit für eine richtige Beerdigung, so wickelten sie den Körper Jesu in weiße Leinentücher, legten ihn in das Grab und rollten einen großen Stein davor, um es zu verschließen und zu schützen.

Warst du schon auf einer Beerdigung? Wie läuft eine Beerdigung ab und wie sieht ein Grab aus?

Ganz früh am Morgen – die Sonne ging gerade auf – gingen Maria aus Magdala, Maria, die Mutter von Jakobus, und Salome mit Duftölen zum Grab, um Jesus einzubalsamieren. Es war der Morgen nach dem Sabbat. Kurz vor dem Garten fragten sie sich: „Wer könnte uns den schweren Stein vom Grab wegrollen, damit wir Jesus salben können?". Denn so früh am Morgen war noch kein Mensch zu sehen. Auf einmal bebte die Erde und die römischen Soldaten, die vor dem Grab Wache gehalten hatten, warfen sich zitternd vor Angst auf den Boden. Erstaunt bemerkten die erschrockenen Frauen, dass der schwere Stein vor dem Grab Jesu zur Seite gerollt war.

Was fühlen die Frauen? Wie geht es ihnen?

Vorsichtig, aber mutig, gingen die drei in die Grabhöhle hinein und stellten fest, dass der Leichnam Jesu verschwunden war. „Jemand muss ihn weggenommen haben", meinte Maria traurig und blieb wie vor Schreck erstarrt stehen. Auch Salome machte große Augen: „Was ist hier passiert?" In der Höhle saß ein strahlend heller Engel mit einem weißen Gewand, er sagte: „Fürchtet euch nicht, ihr sucht Jesus, den Gekreuzigten. Jesus ist aber nicht hier. Er ist auferstanden, wie er es euch vorhergesagt hat. Seht, dort hat er gelegen." Die Frauen sahen nur noch das Leinentuch Jesu, sonst nichts. Weiter sprach der Engel: „Geht zuerst zu den Jüngern, besonders zu Petrus und erzählt: Jesus ist von den Toten auferstanden! Er geht nach Galiläa voraus, wo er euch treffen wird. Ihr werdet ihn sehen, wie er es versprochen hat." Verwirrt und durcheinander rannten die Frauen sofort und etwas stolpernd aus der Grabhöhle, sie waren gleichzeitig entsetzt und glücklich, über das, was sie eben vom Engel gehört hatten. Als sie bei den Jüngern angelangt waren, erzählten sie ihnen atemlos, was geschehen war. Die Jünger konnten es kaum glauben und hielten das Gerede für Unsinn.

Hättest du es glauben können, wenn die Frauen es dir erzählt hätten? Hat man dir schon etwas Unglaubliches erzählt?

Nur Petrus und Johannes liefen unterdessen schnell zum Grab, sie wollten es genau wissen und mit ihren eigenen Augen sehen. Johannes war schneller, er ging aber nicht hinein, sondern wartete vor dem Grab. Als Petrus eintraf, traute er sich in die Höhle hinein und sah, was die Frauen schon erzählt hatten: Das Grab war leer, nur die Leinentücher lagen dort, wo Jesu Leichnam gelegen hatte.

Kannst du dir vorstellen, was nun in den beiden vorgeht? Vielleicht ist dir das auch schon mal so gegangen. Dir wurde etwas erzählt und du konntest es nicht glauben, bis du es selbst gesehen oder erlebt hast. Mit einem Mal wurden dir die Augen geöffnet und du hast klar gesehen.

Da durchfuhr es beide: „Jesus lebt", und eilig rannten sie wieder zu den anderen zurück. Maria aus Magdala blieb allein am Grab zurück und weinte, alles drehte sich und sie verstand nichts mehr, alles war so unglaublich. Da sprach sie jemand an: „Warum weinst du? Wen suchst du?" Es war Jesus, doch sie erkannte ihn nicht. Erst als Jesus ihren Namen nannte: „Maria", erkannte sie ihn. „Herr!", rief sie vor Freude und warf sich auf die Knie. „Bleibe nicht hier", sagte Jesus, „gehe zu den Jüngern und erzähle ihnen davon." Dann war Jesus nicht mehr zu sehen. Leicht wie eine Feder eilte Maria zu den Jüngern.

Lehrerinformation

Die Auferstehung Jesu mit ihren unterschiedlichen Begegnungen, wie z. B. den drei Frauen am Grab, wird von jedem Evangelisten anders aufgegriffen. Allen gemeinsam aber ist, dass Josef von Arimathäa, ein reicher Mann, der zum Hohen Rat gehörte, den Mut aufbrachte und zu Pilatus ging, um den Leichnam Jesu entfernen zu dürfen. Heimlich war er nämlich ein Jünger und mit seiner Tat gewährte er Jesus eine anständige, ehrbare Beerdigung. Mithilfe von Nikodemus wurde Jesus in ein neues Grab getragen, was für die Familie des Joseph vorbereitet worden war. Bei dieser Beerdigung waren auch die Frauen dabei, was vielleicht erklärt, warum diese Begebenheit bei Lukas ausführlicher geschildert wird als in den anderen Evangelien. Der Evangelist Lukas war von Haus aus Arzt und machte deutlich, dass hier wirklich ein Toter begraben wurde. Das Bewachen des Grabes und die Folgen werden nur im Matthäusevangelium erwähnt. Dieselben Frauen, die bei Jesu Tod und seiner Beerdigung zugegen waren, hörten nun die Verkündigung seiner Auferstehung, die das großartigste und unvorstellbarste Geschehen aller Zeiten darstellt. Die Frauen waren zugleich erstaunt und fürchteten sich und wurden aufgefordert, das leere Grab zu besichtigen und den Jüngern von der Auferstehung zu berichten. „Er wird vor euch hingehen nach Galiläa" ist die Wiederholung der Verheißung, die Jesus selbst gegeben hatte" (Mt 26,32). Maria Magdalena und die anderen Frauen liefen mit dieser Nachricht zu Petrus und Johannes, woraufhin diese schnell zum Grab eilten. Petrus betrat ungestüm das Grab und fand sorgsam hingelegte Grabtücher. Daraufhin traute sich auch Johannes hinein und das, was er sah, weckte in ihm den Glauben an die Auferstehung Jesu. Nur Maria Magdalena, die noch am Grab verweilte, sah wenig später den lebendigen Jesus. Die beiden Grundlagen des Osterglaubens sind also das leere Grab und die Begegnung mit dem Auferstandenen.

Weitere Ideen:

- Einstieg: ein schwarzes Tuch hinlegen mit einem großen Stein, dazu eine Todesanzeige. Schüleräußerungen abwarten, dann die Osterkerze in die Mitte stellen und anzünden
- Erzählung aus der Sicht der Frauen, Petrus, Wachsoldaten, Johannes
- Symbole für den Passionsgarten → Grab aus Styropor bzw. Pappmaschee mit großem Rollstein oder Steinen
- Osterkerze aus Wachsplatten gestalten
- Kratzbild mit Wachsmalkreiden (Jesus als neue Sonne)
- Szenen dazu spielen, Verklanglichung
- Symbolik Licht/Stein
- Ostersymbole und ihre Bedeutung: Osterlamm, Osterwasser ...
- Osterfeier in der Kirche (Osternacht)

Lieder:

Schwerter Liederbuch:	Als Jesus gestorben war
	Kinder, singt dem Herrn
	Zu Ostern in Jerusalem
Das große Liederbuch:	Weißt du, was vor Ostern geschah?
	Kommt, freut euch mit uns
Gotteslob:	Das Grab ist leer

Eine Beerdigung zur Zeit Jesu

Nur drei Frauen, Josef von Arimathäa und Nikodemus waren bei Jesu Beerdigung dabei. Da sie wenig Zeit hatten wegen des Sabbats, gab es keine richtige Beerdigung. Wie aber erfolgte normalerweise eine richtige Beerdigung?

Wenn ein Jude starb, fand die Beerdigung so schnell wie möglich statt, denn in Palästina war es sehr heiß. Die Leiche wurde von den Familienangehörigen gewaschen, mit duftendem Öl gesalbt und in ein Leinengrabtuch gewickelt.

Hände und Füße wurden noch extra in Verbände eingewickelt und das Gesicht mit einem Tuch bedeckt. Oft legte man Myrrhe und Aloe ins Grabtuch, damit es frisch und angenehm duftete. Myrrhe und Aloe sind Harze von Bäumen.

Auf einer Bahre oder in einem offenen Sarg trug man nun den Leichnam zum Grab, die Frauen führten den Leichenzug an, während die Männer die Bahre trugen. Alle gingen mit Klagegeschrei und Weinen hinterher, es wurde Musik gespielt und manchmal bestellte man auch Klagefrauen und Trauersänger, die das als Beruf machten.

Die Toten wurden meistens in ausgehobenen Höhlen begraben und man legte sie auf einfache Steinbänke. Der Höhleneingang wurde mit einem Rollstein verschlossen. Von diesem Zeitpunkt an wurde 7–30 Tage getrauert und gefastet.

Außerdem wurde das Grab weiß getüncht, um andere Menschen zu warnen, denn es war verboten, eine Leiche zu berühren, da man sonst unrein wurde. So durfte man z. B. keine hohen Feste mitfeiern.

Arme Leute begruben ihre Toten einfach in der Erde oder in Naturhöhlen.

Ansicht einer Grabkammer:

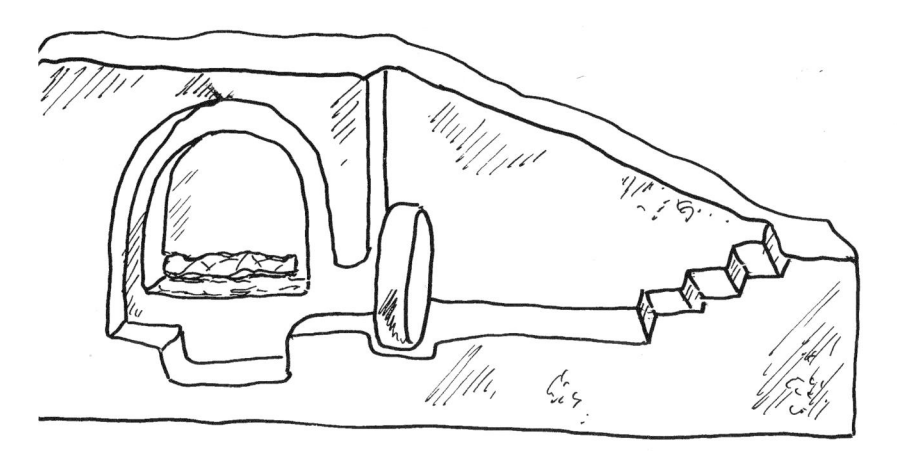

a) Lies den Text.

b) Vergleiche die Beerdigung Jesu mit einer normalen Beerdigung. Was ist anders gewesen?

c) Male ein Bild von der Beerdigung Jesu. Achte besonders darauf, welche Farben du verwendest, um die Gefühle der Personen zu verdeutlichen.

Am dritten Tage nach dem Begräbnis ...

a) Schreibe oder male in die Sprech- und Gedankenblasen.

Die drei Frauen machen sich früh am Morgen auf den Weg zum Grab, um den Körper Jesu mit Ölen einzureiben.

→ In welcher Stimmung sind sie? Was reden sie miteinander?

Als sie zum Grab kommen, bleiben sie wie angewurzelt stehen, denn der Rollstein ist zur Seite geschoben worden und im Grab sitzt ein Engel ...

→ Was ist passiert? Wie fühlen sie sich jetzt?

Der Engel sagt ihnen: „Er ist nicht hier. Er ist auferstanden! Geht schnell zu den Jüngern und erzählt ihnen davon und dass er nach Galiläa vorausgeht, dort werdet ihr ihn sehen."

→ Was geht in ihnen vor? Was reden sie miteinander? Wie fühlen sie sich jetzt?

Die Neuigkeit gelangt zu den Jüngern …

Die drei Frauen machen sich sofort auf den Weg zu den Jüngern, die sich ängstlich hinter verschlossenen Türen versteckt haben.

a) Überlege mit einem Partner: Wie fühlen sich die Jünger nach dem Tod Jesu? Was tun sie jetzt? Was geht ihnen durch den Kopf?

Die Frauen sind angekommen.

b) Schreibe jetzt in einer 3er-Gruppe auf, was die Frauen, den Jüngern sagen. Spielt euer Gespräch der Klasse vor.

Maria aus Magdala:	„Macht auf, wir sind es. Wir müssen euch unbedingt etwas erzählen!"
Petrus:	„Es ist Maria. Kommt schnell rein, man weiß ja nie, was passiert. Warum seid ihr so aufgeregt?"
Maria:	„Der Herr ist auferstanden! Dies hat uns ein Engel gesagt! …"

Die Frauen am Grab

Alles ändert sich für die Jünger ...

Die Jünger sind verunsichert, aber haben plötzlich einen kleinen Funken Hoffnung. Petrus und Johannes laufen sofort zum Grab. Obwohl Johannes zuerst ankommt, wartet er auf Petrus, der entschlossen ins Grab geht.

a) Notiere ihre Gedanken, die sie auf dem Weg zum Grab und wieder zurück haben.

b) Meinst du, Petrus und Johannes sind schon überzeugt von der Auferstehung Jesu? Redet in der Klasse darüber.

Maria aus Magdala begegnet Jesus

Zuerst sieht Maria aus Magdala das leere Grab, genau wie die beiden anderen Frauen. Doch ganz verstehen und begreifen kann sie es nicht. Allein im Garten begegnet sie als erste dem lebendigen Jesus und ist erfüllt von Freude und Jubel, denn sie weiß: Jesus ist auferstanden. Sie ist die erste Zeugin für die Auferstehung Jesu.

a) Male Maria in jedem Bild so an, dass ihre Gefühle zu dem Zeitpunkt deutlich werden.

b) Versetze dich in die Lage Marias und schreibe in Ich-Form in einem Brief auf, wie sie das Ereignis erlebt hat.

Liebe Johanna,
ich schreibe dir, da ich …

c) Versuche nun, in einer 3er-Gruppe Marias wechselnde Gefühle zu verklanglichen oder in einem Tanz (Tücher dazunehmen) darzustellen.

d) Nach der Begegnung mit Jesus eilt Maria sofort zu den Jüngern. Was erzählt sie ihnen und wie reagieren die Jünger?

Ostern – ein Fest der Freude auf neues Leben

Die Frauen und Jünger haben eine Nachricht erhalten, die sie glücklich macht.

a) Über welche Nachricht(en) freust du dich? Schreibe sie hier auf. Klebe weitere Ereignisse dazu.

b) Wie und wo könntest du die Botschaft von Ostern weitererzählen? Stell dir vor, du wärst ein Jünger, wie erzählst du die frohe Botschaft weiter?

c) Traurige Menschen, die einen lieben Familienangehörigen verloren haben, sollten sich den Satz des Glaubensbekenntnisses vor Augen führen:

Ich glaube an die Auferstehung der Toten und das ewige Leben. Amen.

Was kann dieser Satz traurigen Menschen vermitteln? Welche Hoffnung gibt er ihnen? Sprecht in der Klasse darüber.

Ostern = neues Leben

Ostern feiern wir die Auferstehung Jesu und so ist es nicht verwunderlich, wenn das wichtigste Fest der Christen im Frühling gefeiert wird. Die Natur erwacht und regt sich ebenfalls zu neuem Leben.

a) Hier siehst du einige Bilder. Male die Bilder an, die zum Osterfest passen.

b) Schreibe auf die Linien, welches Ostersymbol gezeigt wird. Kennst du weitere Zeichen für Ostern?

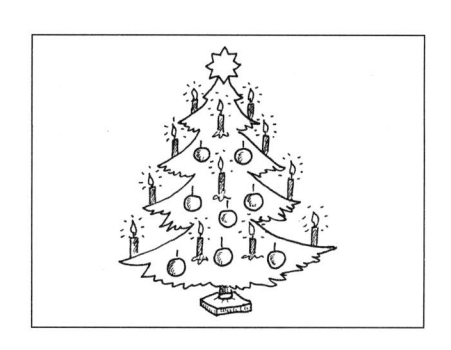

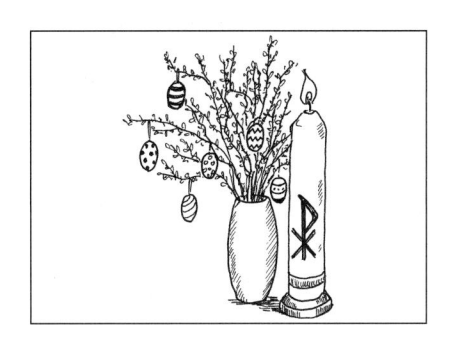

Die Emmausjünger *(nach Lk 24,13–35)*

Am selben Tag, als Maria aus Magdala Jesus begegnet war, waren auch zwei Jünger auf dem Weg von Jerusalem nach Emmaus. Emmaus war ein Dorf, ungefähr 11 km von Jerusalem entfernt. Kleopas und der andere Jünger gingen am späten Nachmittag zu Fuß los, ihre Schritte waren langsam und schwerfällig. Beide waren traurig und ohne Hoffnung, denn sie hatten Jesu Kreuzigung miterlebt. Nun sprachen sie über die zurückliegenden Ereignisse. Sie bemerkten in ihrer Trauer auch nicht, dass Jesus hinzukam und mit ihnen ging. Beide waren sie wie mit Blindheit geschlagen und obwohl er da war, erkannten sie ihn nicht. Es war dunkel in ihnen.

Vielleicht kennt ihr das auch. Wenn man ganz traurig ist, nimmt man gar nicht mehr wahr, wenn Freunde einem helfen wollen.

Nach einiger Zeit fragte Jesus sie: „Worüber redet ihr denn überhaupt?"

Erstaunt bleiben die Jünger stehen und Kleopas antwortete verwundert: „Du bist wohl der Einzige in Jerusalem, der nicht weiß, was in den letzten Tagen dort geschehen ist." „Was denn?", fragte er. „Na, das mit Jesus aus Nazareth. Die Hohenpriester haben ihn zum Tode verurteilt und vor unseren Augen gekreuzigt. Er war mächtig in Wort und Tat vor Gott und dem Volk wie ein Prophet! Wir alle haben gehofft, er würde Israel von den Unterdrückern befreien. Das ist aber noch nicht alles! Heute Morgen sind einige Frauen aus unserem Kreis zum Grab gegangen, doch es war leer. Sie erzählten, ein Engel wäre ihnen erschienen, der sagte, Jesus sei auferstanden und er lebe. Einige von uns liefen sofort los und fanden alles so, wie die Frauen gesagt hatten. Das ist alles so verwirrend und seltsam."

„Warum glaubt ihr denn nicht, was die Propheten gesagt haben?", fragte der Fremde und er begann, ihnen die Alten Schriften zu erklären: „Jesus musste doch sterben, um in die Herrlichkeit zu gelangen." Beiden Jüngern wurde warm ums Herz und sie hörten gebannt zu. Gegen Abend, es wurde schon dunkel, erreichten sie Emmaus und Jesus wollte weitergehen. Doch die Jünger baten ihn: „Bitte, bleib bei uns!", und Jesus ging mit in das Haus hinein. Während des Abendessens sprach Jesus ein Gebet, er brach das Brot und gab jedem von ihnen ein Stück.

Kannst du dir vorstellen, was in den Jüngern in diesem Moment vorgeht? An was erinnert dich das?

In diesem Augenblick wussten sie genau: Das ist Jesus. Ihre Augen und Gedanken waren von der Dunkelheit befreit und sie erkannten Jesus. Und im selben Moment war Jesus nicht mehr zu sehen, doch die Jünger wussten, was sie erlebt hatten. Kleopas sagte: „Ich hatte schon die ganze Zeit so ein merkwürdiges Gefühl, aber ich wusste nicht warum." „Mir ging es ähnlich", meinte der andere Jünger. „Wir müssen den Aposteln erzählen, dass Jesus auferstanden ist." Sofort machten sie sich schnell auf den Rückweg nach Jerusalem durch die Dunkelheit. Vor Freude rannten und hüpften sie den Weg, bis sie atemlos bei den Elf ankamen.

„Er lebt. Jesus ist wirklich auferstanden. Wir haben ihn gesehen und er hat mit uns geredet. Es ist wahr!", riefen Kleopas und der andere Jünger glücklich.

Sie erzählten, was sie erlebt hatten und wie sie Jesus erkannt hatten, als er das Brot brach. Noch während sie erzählten, erschien Jesus plötzlich in ihrer Mitte. Alle waren sehr erschrocken und sie hatten Angst, einen Geist zu sehen. Jesus beruhigte sie: „Seht und fasst mich an. Ich bin es doch, kein Geist hat Fleisch und Knochen."

Sie staunten alle vor Freude und konnten es noch nicht ganz begreifen und fassen, was geschehen war.

Lehrerinformation

Die Erzählung findet man nur im Sondergut des Evangelisten Lukas. Zwei Jünger, es waren keine Apostel, machten sich auf den Weg nach Emmaus, vermutlich ihrem Heimatdorf. Unterwegs gesellt sich ein Fremder dazu, den sie aufgrund ihres lebhaften Gesprächs kaum bemerken. Ihre Antwort auf die Frage des Fremden lässt durchblicken, wie verzweifelt die Jünger nach den Ereignissen um Golgotha wirklich waren. Innerlich waren sie zerbrochen und nur ein umwälzendes Ereignis konnte sie verwandeln. Die Begegnung mit Jesus überzeugte sie von der Auferstehung, die keine Täuschung war. Es ist anzunehmen, dass die Jünger keineswegs leichtgläubig waren, denn Jesus musste ihnen den Sinn der Schrift erklären bzw. die Prophezeiungen über Jesus. Dies allein genügte ihnen jedoch nicht, denn erst beim Brotbrechen erkannten sie Jesus. Obwohl sie müde waren, beeilten sie sich, die elf Kilometer nach Jerusalem auf schnellstem Wege zurückzulegen, um den elf Aposteln von dieser Erfahrung zu berichten.

Weitere Ideen:

- Einstieg: zwei Fußspuren hinlegen, zu denen irgendwann eine dritte hinzukommt und zwei Fußspuren wieder zurückführen
  → Überlegungen anstellen, was passsiert sein könnte
- die Erzählung pantomimisch nachspielen
- Ostergarten: Emmausweg gestalten
- Betrachten von Bildern: „Das Mahl in Emmaus" von Caravaggio, „Gang nach Emmaus" von Thomas Zacharias oder „Gang nach Emmaus" von Karl Schmidt-Rottluff (Holzschnitt)
- Symbol Weg und Brot
- Verklanglichung, Tüchertanz
- Umrissbild gestalten
- Kleopas erzählt …
- Bilder malen, die Freude und Hoffnung ausdrücken
- Standbilder zu den einzelnen Szenen der Geschichte
- Osterbrauchtum: Wie feiert man in unterschiedlichen Regionen Deutschlands?

Lieder:

Schwerter Liederbuch:	Zwei Jünger gingen
	Manchmal feiern wir
Das große Liederbuch:	Kommt, freut euch mit uns
	Weitersagen

Vor und nach der Begegnung

So fühlen sich die Jünger auf dem Weg nach Emmaus.

a) Notiere passende Wörter links neben die Bilder (Hin- und Rückweg).

b) Drücke mit Farbe auch die Gefühle der beiden aus (Hin- und Rückweg).

c) Schreibt in einer 3er-Gruppe das Gespräch der beiden auf und spielt es der Klasse vor.

Hinweg:

Rückweg:

Jesus, das neue Licht

Die Osterkerze erinnert an die Auferstehung Jesu. Auf ihr erkennt man fünf rote Wachsnägel, die die Wundmale Jesu bei der Kreuzigung darstellen. Die griechischen Buchstaben sagen uns, dass Jesus Anfang und Ende ist. In der Osternachtsfeier wird die Osterkerze am Osterfeuer entzündet.

Das Osterfeuer ist ebenfalls ein Zeichen für die Auferstehung Jesu. Vor der Kirche wird das Osterfeuer in der Osternacht entzündet und anschließend die Osterkerze. Nun geht die Gemeinde in die dunkle Kirche mit dem Ruf „Lumen Christ" (Christus, das Licht). Erst nach einem längeren Wortgottesdienst geht die Kirchenbeleuchtung an.

Jesus wurde als das geopferte Lamm verstanden, das den Tod besiegt hat. Darum werden zu Ostern Osterlämmer gebacken.

Weitere Ostersymbole sind Osterei, Osterhase, Osterstrauß, Osterspeisekorb, Osterwasser und Osterbrunnen.

a) Lies den Text.

b) Sammle Begriffe zum Kerzenlicht und schreibe sie rund um die Kerze (Wie kann das Licht sein? …)

c) Jesus wird als das wahre Licht bezeichnet. Kannst du dir denken, warum? Denke daran, wie er als Licht gehandelt hat. Wo war er ein strahlendes Vorbild für andere?

d) Bastelt eine Kerze aus Tonkarton und notiert darauf, wem und warum ihr demjenigen die Kerze schenken wollt, damit dessen Leben erhellt wird, sodass es fröhlicher wird.

Mein traurigster Tag, mein glücklichster Tag

a) Schreibe oder male auf, was an deinem traurigsten Tag passiert ist. Warum warst du traurig?

b) Schreibe oder male auf, was an deinem glücklichsten Tag passiert ist. Warum warst du glücklich?

c) Gestalte anschließend in Partnerarbeit eine kleine Collage zum Thema „Traurig – Glücklich". Suche dazu in Zeitschriften und Zeitungen Menschen in traurigen bzw. glücklichen Situationen.

Sie erkannten ihn

Jesus war schon die ganze Zeit des Weges bei den beiden Jüngern, doch erst beim Brotbrechen erkannten sie Jesus und begriffen, dass er bei ihnen ist.

Auch als sie ihn nicht mehr sahen, wussten sie: Jesus ist immer bei uns.

Wenn wir heute Eucharistie feiern, Brot und Wein teilen, ist Jesus nicht zu sehen, aber trotzdem ist er da. Jesus geht unerkannt an unserer Seite.

a) Was zeigt dir, dass Jesus immer nahe bei dir ist, obwohl du ihn nicht sehen kannst?

b) Hast du auch schon eine „Emmaus-Wegerfahrung" gemacht? Gingen dir plötzlich die Augen auf und du hast erkannt, dass du mit einem Problem nicht allein bist?

c) Schreibe in die Gedankenblasen, was den beiden Jüngern durch den Kopf geht, als sie Jesus das Brot brechen sehen.

Die Emmausjünger

Auferstehung

a) Arbeite mit einem Partner zusammen. Schreibt gemeinsam ein Akrostichon zu den Begriffen „Auferstehung", „Ostern" oder „Emmaus". Sammle dafür zuerst passende Wörter oder Sätze, die mit Emmaus bzw. Auferstehung zu tun haben.

O

S

T

E

R

N

E

M

M

A

U

S

b) Schreibe ein Elfchen zum Begriff „Ostern".

Beispiel:

Unerwartet
Große Neuigkeit
Jesu leeres Grab
von den Toten auferstanden
Ostern

c) Gestaltet mit euren Gedichten eine Osterwand.

Himmelfahrt und das Pfingstereignis *(nach Mt 28,16–20/ Lk 24,50–53 und Apg 1,1–14; 2,1–47)*

Nachdem Jesus von den Toten auferstanden war, zeigte sich Jesus noch mehrmals seinen Jüngern, um ihnen Mut zu machen und zu zeigen, dass er lebt. Etwa 40 Tage nach seiner Auferstehung war Jesus mit seinen Aposteln auf dem Ölberg, der vor der Stadt Jerusalem liegt. Dort gab er ihnen den Auftrag: „Wartet hier in Jerusalem, denn bald werde ich euch den Heiligen Geist senden, der euch die Kraft geben wird, jedem auf der Welt von mir zu erzählen. Findet viele neue Freunde und sagt ihnen, dass Gott sie alle liebt." Als Jesus dies gesagt hatte, wurde er in eine Wolke eingehüllt. Die Apostel sahen angestrengt nach oben, doch sie konnten ihn nicht mehr sehen, aber plötzlich standen dort zwei Männer in weißen Gewändern. Sie fragten: „Warum sucht ihr Jesus am Himmel? Er ist zu seinem Vater heimgekehrt und eines Tages wird er auch wieder auf die Erde kommen."

Was könnte in den Aposteln vorgehen, als Jesus sie schon wieder verlässt?

Die Jünger gingen nach Jerusalem zurück, um abzuwarten, wie es nun weitergehen würde. Matthias wählten sie als neuen Apostel zu ihrer Gemeinschaft hinzu – nun waren es wieder 12 Apostel. Gemeinsam mit den Frauen und Maria, der Mutter Jesu, warteten sie Tag für Tag in Jerusalem. Und endlich, zehn Tage später, geschah etwas Wunderbares – etwas, das sie nie vergessen würden. In Jerusalem wurde Pfingsten gefeiert, das jüdische Erntefest. Deshalb waren viele tausend Juden aus aller Welt nach Jerusalem gekommen. Die Straßen waren voller Menschen, alle redeten und schrien durcheinander, es war ein großes Brummen. Plötzlich kam vom Himmel her ein Brausen, ein Rauschen und ein heftiger Wind erfüllte das ganze Haus, in dem die 12 Apostel saßen. Danach erschienen Zungen in der Luft, wie von Feuer, sie ließen sich über jeden Apostel nieder und versahen ihn mit der Kraft des Heiligen Geistes.

„Der Heilige Geist! Das ist der heilige Geist!", riefen die Apostel aufgeregt durcheinander. Eine unsagbare Freude und auch Mut stieg in ihnen auf und sie begannen, Gott zu loben und zu preisen. Sie konnten mithilfe der himmlischen Kraft in allen fremden Sprachen der Welt reden und alle Menschen verstehen.

Die Apostel bekamen durch den Heiligen Geist Kraft bzw. den Anstoß, von Jesus zu erzählen. Wer gibt dir die Kraft und den Mut, bestimmte Dinge zu tun, die schwierig oder nicht so einfach sind?

Eine Menschenmenge hatte sich unterdessen vor dem Haus versammelt und einer fragte: „Was ist da drinnen los? Was ist das für ein Krach, sind sie denn alle da oben betrunken?" „Nein, die da drinnen erzählen von Gott. Ich kann sie in meiner Sprache verstehen", entgegnete ein Grieche. „Ich auch!", rief ein Mann aus Rom. „Wie ist das nur möglich?" Alle waren verwundert und völlig durcheinander, schließlich kamen Petrus und die Elf aus dem Haus heraus. Petrus erklärte der Menge: „Wir sind nicht betrunken, ihr Bewohner Jerusalems und alle Juden. Gott hat uns heute seinen Geist, seine Kraft wie im Sturmesbraus geschickt, damit wir euch allen von Jesus erzählen können. Schon der Prophet Joel hat in den Alten Schriften angekündigt, dass durch Jesus eine neue und wunderbare Welt anbricht. Dieser Jesus, der gekreuzigt wurde und am Kreuz starb, ist vom Tode auferstanden, er lebt. Gott hat ihn uns geschickt, damit er uns rettet und erlöst."

Kannst du dir vorstellen, wie die Menge nun reagieren könnte auf die Rede des Petrus?

Die Menschen schämten sich sehr für ihr Verhalten und auf einmal waren sie Feuer und Flamme für Jesus. Sie fragten Petrus: „Was sollen wir denn nun tun?" „Sagt Gott, dass ihr eure Taten bereut, dass es euch leid tut und lasst euch taufen", antwortete Petrus. „Gott wird euch verzeihen und euch auch die Kraft des Heiligen Geistes senden, dann fangt ihr ein neues Leben an." Alle schrien wild und ergriffen vor Begeisterung: „Ja, ich will neu anfangen! Taufe uns! Ich will auch zu euch gehören." An diesem Tag, am Pfingstfest, ließen sich etwa dreitausend Menschen in Jerusalem taufen. Nach dem Pfingstfest verließen die Besucher Jerusalem und kehrten in ihre Heimatländer zurück, wo sie die Botschaft Jesu und den Geist weitergaben.

Pfingsten war also der Geburtstag der Kirche.

Lehrerinformation

Den Bericht der Himmelfahrt Jesu finden wir in Lukas 24,51 und in der Apostelgeschichte 1,1–11, dem zweiten Band seines Werkes. Schon auf Erden sprach Jesus davon, dass er zu seinem Vater zurückkehren würde (vgl. Joh 14,1–4). Jesus wollte ganz offensichtlich seine Jünger auf seine Himmelfahrt und auf die sich daran anschließende Zeit vorbereiten: Er stellt sich als lebendige Person vor, er gibt den Jüngern einen Auftrag und er verweist immer wieder auf die Verheißung des Vaters. Den Jüngern wurde gesagt, sie sollten in Jerusalem bleiben, bis sie die Gabe des Geistes empfangen würden. Klare Vorstellungen darüber hatten sie nicht, doch schon zehn Tage nach der Himmelfahrt, die ein Symbol der Verherrlichung ist, erhielten sie am Pfingstfest die Kraft des Heiligen Geistes, der Welt von Jesus zu erzählen. Das Pfingstfest (griech. Pentecoste = der 50. Tag) gehört zu den drei großen jüdischen Wallfahrtsfesten, wobei es das kleinste der Feste war. Auf jüdisch heißt es Schawout (Wochenfest), es ist das Fest zum Einbringen der Weizenernte.

In der Apostelgeschichte 2 wird das Ereignis genau beschrieben und erste Grundlagen des christlichen Gemeindelebens werden vorgestellt sowie die „Missionsstrategie". Petrus, der Wortführer der Apostel, hält vor den Juden aus aller Welt die erste Missionspredigt (V. 14–36), das erste Belehrungsgespräch (V. 37–41) und er gibt eine Beschreibung des urchristlichen Gemeindelebens (V. 42–47). Die Sache Jesus geht also in großen Schritten weiter.

Weitere Ideen:

- Einstieg: über Trennung von vertrauten Personen sprechen (wie fühlt man sich?), traurige und fröhliche Menschengesichter dazulegen
  → Was hat diesen Stimmungsumschwung bewirkt?
- Betrachten von Pfingstdarstellungen, z. B. vom Osnabrücker Altar von 1380, Thomas Zacharias: Geistsendung, Clara Winkler: Aufbruch zu Pfingsten
- ein Bild weitermalen oder verändern
  → Was bewegt uns heute?
- Redensarten zu Feuer, Wind, Geist (unterschiedliche Bedeutung von Geist)
- Cluster zu Feuer, Wind, Geist, Sturm
- kleine Flamme aus Tonkarton zu einer großen Flamme gestalten
- Brauchtum rund ums Pfingstfest: Pfingstochse, Pfingstritt, Pfingstenkranz …
- Erfahrungen zu Feuer und Wind machen (z. B. eine brennende Kerze beobachten …)
- das Pfingstereignis als Rollenspiel umsetzen
- Elfchen/Akrostichon zu „Himmelfahrt" und „Pfingsten"

Lieder:

Das große Liederbuch:	Pfingstlied
	Wenn unsere Kirche Geburtstag hat
Schwerter Liederbuch:	Weißt du, wo der Himmel ist
	Einer hat uns angesteckt
	Dein Geist weht, wo er will
	Die Sache Jesu
Gotteslob:	Komm heiliger Geist

Himmelfahrt

Jesus hat sich 40 Tage nach Ostern von seinen Jüngern verabschiedet, um zum Vater zu gehen. Die Bibel sagt, Jesus ist in den Himmel aufgefahren.
Doch was ist mit „Himmel" gemeint?

Sichtbarer Himmel über uns:

Unsichtbarer Himmel Gottes unter uns:

Das haben unterschiedliche Menschen gesagt:

- Im Himmel geht es mir gut vor lauter Glück.
- Ich denke dabei an Liebe und Freundschaft!
- Dort gibt es die Sterne, die Sonne und den Mond.
- Gott sitzt nicht auf einer Wolke, er ist mitten unter uns.
- Manchmal regnet es von oben.
- Wenn alle friedlich sind, haben wir den Himmel auf Erden.
- Der Himmel ist mal blau, mal grau.

a) Sortiere die Aussagen zum sichtbaren und unsichtbaren Himmel. Arbeite mit einem Partner.

b) Was ist „Himmel" für dich? Schreibe oder male (auf einem Extra-Blatt).

c) Was kann man tun, damit man den Himmel auf Erden hat?

Pfingsten begeistert

a) In der Apostelgeschichte 2 hören wir, wie Gott den Aposteln den Heiligen Geist sendet. Wie macht er sich bemerkbar?

St_____   W_____   F_____

b) Male ein passendes Bild zur Geschichte. Achte darauf, dass die obigen Wörter auch im Bild zu sehen sind.

Die Pfingsttaube

Der Heilige Geist ist die zentrale Person, die in der Pfingstgeschichte die Menschen in Bewegung bringt. Um den Heiligen Geist darzustellen, wird als Symbol eine Taube verwendet.

a) Nun kannst du die Pfingsttaube basteln.
   (Tipp: Vorher auf Tonkarton kopieren und vergrößern.)

   Schneide die Taube aus und hänge sie an einem Faden ins Fenster. Wenn du die gestrichelten Linien einschneidest, kannst du sie auch als Serviettenring verwenden.

Wo Gottes Geist wirkt …

Wo Gottes Geist wirkt, ändert sich etwas: Es herrscht Liebe, Freude, Friede, Freundlichkeit, Güte, Sanftmut und Selbstbeherrschung (Gal 5,22).

Der Geist bewegt Menschen zu Begeisterung und Tatkraft, am Leben der anderen teilzuhaben.

a) Male, wie Gottes Geist eine Veränderung bewirkt.

b) Ergänze.

Der Geist Gottes ist wie

- ein Hauch, der _____.
- ein Sturm, der _____.
- ein Feuer, das _____.
- ein Lichtstrahl, der _____.

Himmelfahrt und das Pfingstereignis

Ein aufrüttelndes Ereignis in Jerusalem

Zum Pfingstfest waren viele Menschen in Jerusalem und jeder hat das Ereignis anders erlebt.

a) Schreibe oder male, was die Personen ihren Freunden oder Nachbarn erzählen könnten.

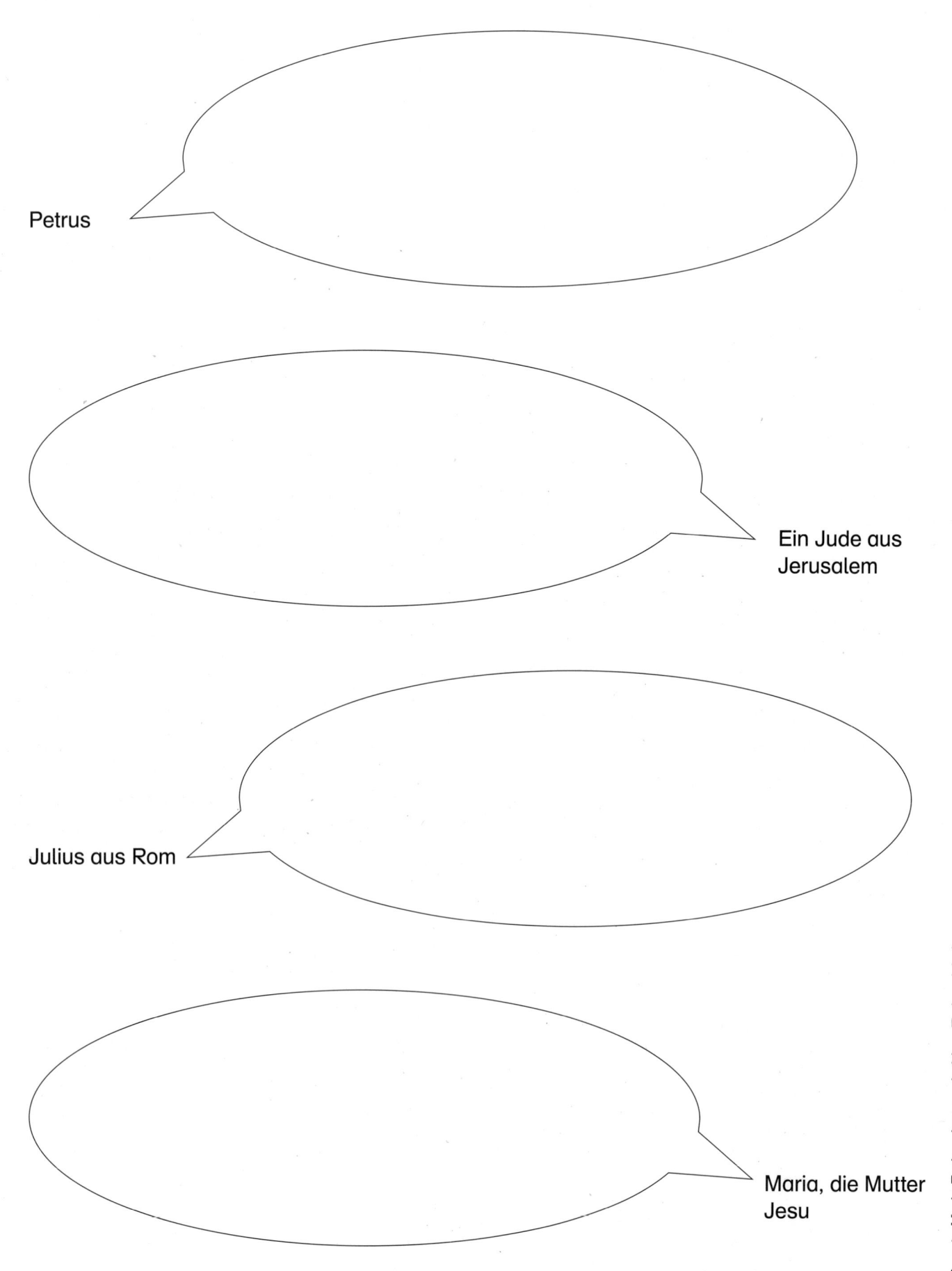

Petrus

Ein Jude aus Jerusalem

Julius aus Rom

Maria, die Mutter Jesu

Im Geiste Jesu handeln

Bekannte Heilige haben zu allen Zeiten versucht, im Geiste Jesu zu handeln und zu leben. Auch heute noch sind Menschen von Gottes Geist ergriffen, manche davon kennt man, manche nicht.

a) Entscheide dich für eine der folgenden Personen und forsche mit einer 3er-Gruppe nach, warum diese Menschen im Geiste Jesu lebten oder noch leben.

- Mutter Teresa
- Heiliger Georg
- Heilige Elisabeth
- eine Nonne/ein Mönch in einem Kloster
- Menschen in deiner Nähe, die im Geiste Jesu handeln

b) Was kann der Heilige Geist bei dir bewirken? Was kannst du tun? Redet in der Klasse darüber.

Die Botschaft Jesu weitertragen *(nach Apg 2–12)*

Seit dem Pfingstfest begeisterten sich immer mehr Menschen aus Judäa und Galiläa für die Botschaft der Apostel und ließen sich taufen.

Einmal besuchte Petrus die Christen in Lydda, dort traf er einen Mann namens Äneas, der seit acht Jahren gelähmt war. „Jesus heilt dich, Äneas", sagte Petrus und gleich darauf stand Äneas von seiner Liege auf. Als die Einwohner von Lydda das sahen, begannen sie, an Jesus zu glauben, und ließen sich taufen.

Auch Menschen, die woanders geboren waren, wie zum Beispiel der römische Hauptmann Kornelius, lebten nach Jesu Botschaft. Petrus glaubte am Anfang, dass Gott nur das Volk der Juden für seine Botschaft gewinnen wollte. Doch durch einen Traum, den Gott ihm sandte, begriff er, dass jeder Mensch auf der Erde von Jesus hören sollte. Und so taufte Petrus den gottesfürchtigen Hauptmann Kornelius im Namen Jesu.

Nicht alle Menschen fanden gut, was die Apostel nach Jesu Tod taten. Kannst du dir vorstellen, wie sie versucht haben, die noch junge Gemeinschaft der Christen zu zerstören? Vielleicht hast du schon selbst erfahren, dass jemand eine ganz tolle Idee von dir einfach zerstören oder nicht anhören wollte.

Die Feinde von Jesus versuchten, die wachsende Zahl der Christen aufzuhalten, indem der Hohe Rat sie verhörte und ins Gefängnis warf. Stephanus, ein gläubiger Jünger, wurde sogar deswegen gesteinigt, weil er immer wieder von Jesus und seinen Taten in der Synagoge erzählte. Nach Stephanus' Tod wurden die Christen in Jerusalem verfolgt und sie zerstreuten sich, dennoch blieben sie mutig und tapfer und verkündeten weiter die Frohe Botschaft. Saulus war der bedeutendste Kämpfer gegen die Christen, er kam aus Tarsus und war bei Stephanus' Steinigung dabei. Seitdem verfolgte er die Christen, ließ sie gefangen nehmen und hinrichten. Er glaubte nämlich, es würde Gott gefallen, was er tat. Ein wichtiges Ereignis jedoch ließ Saulus umdenken. Auf einer Reise nach Damaskus blendete ihn ein grelles Licht und eine Stimme rief: „Warum verfolgst du mich, Saulus? Ich bin Jesus, erheb dich und geh in die Stadt, dort wird man dir sagen, was du tun sollst. Als Saulus die Augen öffnete, erkannte er, dass er blind war. Drei Tage weilte Saulus in Damaskus und wurde dort auf den Befehl Gottes von Hananias, einem Jünger Jesu, geheilt. Sofort ließ sich Saulus – vom Heiligen Geist erfüllt – taufen und verkündete überall in den Synagogen die Frohe Botschaft Jesu. Fortan nannte er sich Paulus, er reiste viel umher und gründete neue Gemeinden und verbreitete die Botschaft bis nach Europa weiter.

Kennst du auch Menschen, die sich durch ein bestimmtes Erlebnis verändert haben?

Unterdessen verhaftete König Herodes Jakobus, den Bruder des Johannes, und ließ ihn mit dem Schwert töten. Schließlich ließ er auch Petrus gefangen nehmen und ins Gefängnis werfen, dort wurde er von zwei Soldaten bewacht. In der Nacht aber sandte Gott einen Engel, der ihn befreite.

Petrus, Paulus und die anderen Apostel erzählten die Botschaft Jesu – trotz vieler Gefahren – immer weiter. Auch schrieben sie Briefe an ihre Gemeinden und notierten einzelne Jesusworte, um sie nicht zu vergessen. Je weiter sich aber das Christentum ausbreitete, umso mehr Menschen ließen sich taufen, die Jesus nicht selbst gekannt hatten. Diese wollten nun genauer wissen, was Jesus gesagt und getan hatte in seinem Leben. Jetzt war es also wichtig, die Taten weiterzugeben. So kam man ungefähr um das Jahr 70 auf die Idee, die Taten und Worte Jesu aufzuschreiben, um sie für die Nachkommen festzuhalten. Diese Erzählungen finden wir im Neuen Testament, geschrieben von den Evangelisten Markus, Matthäus, Lukas und Johannes.

Lehrerinformation

In der Apostelgeschichte wird die Zeit der Entstehung der ersten Gemeinden beschrieben mit ihren positiven (stetiges Wachstum), aber auch negativen Ereignissen (Verfolgung der Christen). Die Zeit ist geprägt vom stetigen Anwachsen der jungen Gemeinden, des liebenden Umgangs miteinander und des Brotbrechens im Zeichen Jesu. Gleichzeitig nimmt aber auch die Spannung zu der religiösen Obrigkeit der Juden zu, die sich zunächst in ihrem Verhältnis zu den Aposteln zeigt (Gefangennahme, Tod eines Apostels), sich dann aber voll in der Verfolgung der Gemeinden entlädt. Letztendlich geht es um Jesus selbst, den die Schriftgelehrten nie akzeptiert haben und dessen Anhänger sie nun verfolgen. So erfüllt sich die Verheißung aus Joh 15, 20.21 „Wenn sie mich verfolgt haben, werden sie auch euch verfolgen." Die Begebenheiten um Stephanus schließen die erste Zeit über die Urgemeinde in Jerusalem ab. Sie markieren den Höhepunkt der Blütezeit des Jerusalemer Urchristentums. Danach wachsen die Gemeinden in ganz Judäa, Galiläa und Samaria. Mit der Bekehrung des Hauptmanns Kornelius wird die Hauptphase der Heidenmission eingeleitet. Und weiter wird das Evangelium getragen auch durch Paulus, einst ein Verfolger der Christen. Er unternimmt einige Missionsreisen, bis er schließlich nach Rom ausgeliefert wird und dort stirbt. Um den Nachfahren Jesu Taten und Worte zu erhalten, wurden schließlich die Evangelien geschrieben.

Weitere Ideen:

- Einstieg: grüne und blaue Tücher hinlegen und damalige Weltkarte nachbilden (Mittelmeerraum), Jerusalem – Schild hinlegen und große Kerze hinstellen, dazu 12 kleine Teelichter und die Namenskarten der Apostel
  → Äußerungen abwarten
- Spiel: Stille Post (Was muss beachtet werden, damit die Nachricht gut ankommt?)
- Wie wird man Christ? Wie erkennt man ihn?
  → Taufe
- Paulus und seine Missionsreisen (Bilder aus den Orten, ein Spiel dazu entwickeln lassen),
- Steckbrief von Paulus
- Briefe aus Sicht des Paulus
- Zeitleiste mit wichtigen Stationen der Kirchengeschichte
- Comic anfertigen zur Ausbreitung der Botschaft Jesu
- Was sind Märtyrer? (Stephanus)
- Aufbau der Bibel, Entwicklung
- Warum gibt es heute verschiedene Christen?

Lieder:

Schwerter Liederbuch:	Gott baut ein Haus, das lebt
	Singt dem Herrn alle Völker und Rassen
Das große Liederbuch:	Saulus – Paulus Lied

Nachrichten

a) Lies dir folgende Zeitungsmeldungen durch.

Festgenommen im Tempel
Simon Petrus verkündigt im Tempel mit einem anderen Apostel die Auferstehung Jesu. Wegen befürchteten Aufruhrs wurden sie kurz darauf festgenommen.

Unglaublich: Pharisäer bekennt sich zu Jesus
Damaskus. Noch vor einiger Zeit verfolgte der Pharisäer Saulus die Jesusjünger. Nun ist er anscheinend selbst einer von ihnen, denn er behauptet: Jesus ist der Messias. Ehemalige jüdische Bekannte sind entsetzt und überrascht über sein Verhalten.

Apostelkonzil in Jerusalem: Streit beendet
Nach einem heftigen Streit mit Paulus entscheidet das Konzil, dass auch Heiden Christen sein dürfen!

Rom: Nur ein Gott?
In der Hauptstadt des Römischen Reiches verkünden Petrus und Paulus, den gekreuzigten Jesus aus Nazareth als Gott zu verehren. Hoffen wir, dass diese kleine Gruppe bald untergeht.

Arzt Lukas schreibt über Jesus
Genau wie Markus schreibt nun der griechische Arzt Lukas ein neues Buch über Jesus. Er hat viele interessante Erzählungen gesammelt, geordnet und aufgeschrieben. Sicher werden viele das Buch mit Spannung erwarten.

Und heute?

b) Sammle Meldungen über Christen heute in der Welt. Denke dabei an die Christenverfolgungen, Priestermangel, Kirchenschließungen … Klebe eine Meldung hier auf.

Die Botschaft weitererzählen

Die Apostel erzählten vielen Menschen von Jesus, zuerst in der Umgebung: in Samarien und Judäa, später über Palästina hinaus.

a) Schreibe in die Denk- und Sprechblasen, was die Apostel gesagt haben und die anderen Menschen gesagt und getan haben.

b) Überlege: Welche Eigenschaften benötigt man, um Jesu Botschaft weiterzutragen? (z. B. Vertrauen, …)

_____   _____   _____

_____   _____   _____

c) Überlege in einer 3er-Gruppe, was sich die Apostel erzählt haben, wenn sie sich wieder trafen (Was haben sie erlebt auf ihrer Reise? Welche Personen haben sie getroffen? Wurden sie aufgenommen oder abgelehnt?).
Schreibe die Gespräche auf und spielt sie der Klasse in einem Rollenspiel vor.

d) Stell dir vor, du würdest einem Kind oder einem Erwachsenen begegnen, die noch nie von Jesus und seinen Taten gehört haben. Was würdest du dem Kind/dem Erwachsenen erzählen?

Paulus, der Missionar

Nachdem Saulus Christ geworden war, wurde er unter dem römischen Namen Paulus bekannt.

Paulus, ein Jude und Römer, ist einer der Apostel (griechisch: Gesandter) Jesu gewesen. Bei der Verbreitung der Frohen Botschaft unter den Nichtchristen war er der wichtigste Mensch – so brachte er als erster die Botschaft nach Europa. Er machte viele Reisen, auf denen er den Menschen immer wieder von Jesus erzählte. Seine drei größten und weitesten Reisen führten ihn nach Kleinasien (die heutige Türkei) und nach Griechenland, wo er auch Gemeinden gründete und die Menschen sich taufen ließen. Um mit seinen Gemeinden Kontakt zu halten, schrieb er ihnen aufmunternde Briefe und ermahnte sie, Jesu Nachfolge ernstzunehmen und ihm treu zu bleiben. Die Briefe des Apostels stehen in der Bibel im Neuen Testament. Schließlich reiste er als Gefangener nach Rom, wo er nicht aufhörte, von Jesus zu erzählen. Dort starb er wie der Apostel Petrus, während der Christenverfolgung unter Kaiser Nero im Jahr 67. Er wurde mit dem Schwert enthauptet. Noch heute erinnert die prächtige Basilika St. Paul vor den Mauern, die über seinem Grab steht, an Paulus. Petrus und Paulus hatten die Frohe Botschaft von Jesus in die mächtige Stadt Rom gebracht und nun verbreitete sie sich im römischen Weltreich und auf der ganzen Erde.

a) Was könnte Paulus auf seinen Reisen den Menschen erzählt haben?

b) Sieh dir folgende Landkarte an. Trage mithilfe der Bibelstellen die Orte ein, in denen er gewesen ist.

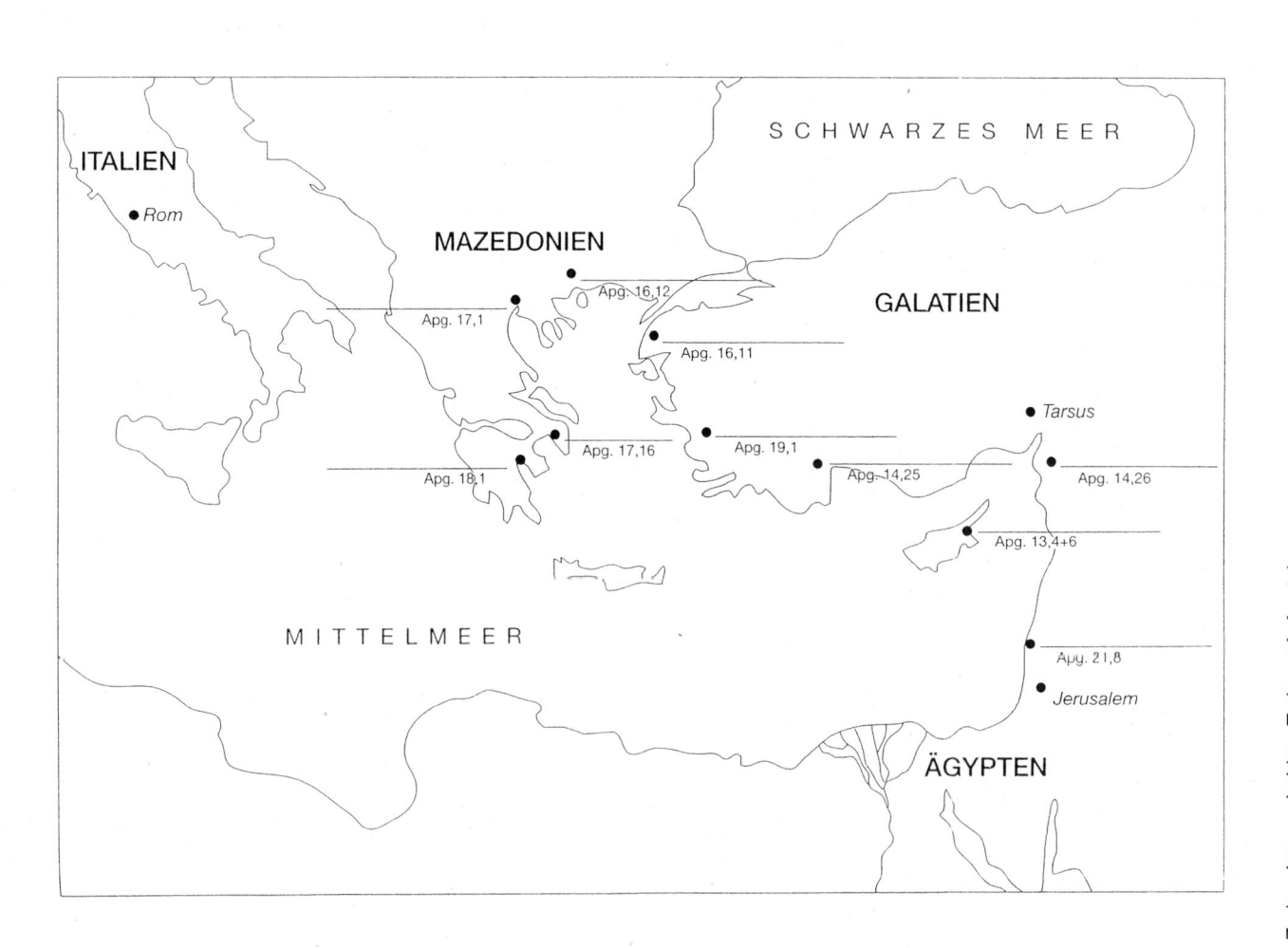

Die Botschaft wird aufgeschrieben

Über lange Zeit haben die Christen nur mündlich von Jesus erzählt: Zwar gibt es aus dieser Zeit noch schriftliche Aufzeichnungen, wie die Briefe des Paulus, aber in den Briefen erzählt Paulus nur wenig von Jesus, es geht ihm vielmehr darum, die Gemeinden zu ermahnen und Streitigkeiten zu schlichten. Die Apostel haben nichts aufgeschrieben, weil sie glaubten, Jesus würde bald wiederkommen. Schließlich begriffen die Christen, dass es noch lange dauern konnte, bis ihre Hoffnung erfüllt würde. Es war also wichtig, Jesu Worte und Taten schriftlich festzuhalten für die Nachkommen. Einzelne Missionare setzten sich hin und schrieben hin und wieder etwas auf.

Erst 40 Jahre nach Jesu Tod, um das Jahr 70, sammelte Markus alles, was ihm über Jesus bekannt war. Er selbst hat aber Jesus nicht persönlich gekannt. Markus ordnete seine Schriftstücke, wählte wichtige Erzählungen aus und schrieb das Evangelium (Frohe Nachricht) auf.

Später schrieben zwei andere Männer, Lukas und Matthäus, ihre Evangelien auf. Dabei stützten sie sich auf das Markusevangelium und weitere Überlieferungen, die Markus nicht gekannt hatte. Lukas schrieb um das Jahr 80 nach Christus in der griechisch-römischen Welt. Weil diese drei Männer zum großen Teil ähnlich geschrieben haben, nennt man sie Synoptiker.

Ganz anders ist das Johannesevangelium. Es ist ungefähr im Jahre 90 nach Christus entstanden. Zwar kannte er die drei Schriftsteller, doch benutzte Johannes andere Quellen. Nur der Bericht über da Leiden und Sterben Jesu und einzelne andere Stücke ähneln den Erzählungen der Synoptiker.

a) Lies den Text.

b) Erzähle deinem Nachbarn, warum die Botschaft aufgeschrieben wurde.

c) Hier liegen einige Erzählungen. Bringe sie in die richtige Reihenfolge, so wie sie in der Bibel stehen könnten (nummeriere sie). Arbeite dabei mit einem Partner zusammen.

Die Geburt Jesu ☐

Jesus feiert das letzte Abendmahl ☐

Jesus heilt den blinden Bartimäus ☐

Der 12-jährige Jesus im Tempel ☐

Jesus sendet seinen Geist ☐

Jesus beruft die ersten Jünger ☐

Das leere Grab ☐

Jesus wird gekreuzigt ☐

Jesus wird getauft ☐

Heute die Botschaft Jesu weitertragen

Christus hat heute nur
unsere Hände, um Menschen zu helfen.
Christus hat heute nur
unsere Füße, um Menschen zu
Gott zu führen.
Christus hat heute nur
unsere Lippen, um Menschen
von Gott zu erzählen.

(Verfasser unbekannt)

a) Wir sind heute Jünger Jesu. Was können wir tun, um Jesu Botschaft weiterzutragen? Sammle Ideen mit einer 3er-Gruppe und haltet diese in den Wolken fest.

b) Kennst du Menschen aus deiner Umgebung, die so handeln, wie in dem Gebet oben?

c) Viele Menschen sagen: Die Kirche interessiert mich nicht, ich gehe da sowieso nicht hin. Was meinst du dazu? Redet in der Klasse darüber.

In Jesu Namen zusammenkommen *(nach Apg 2,43–47)*

Immer mehr Menschen ließen sich von der Frohen Botschaft Jesu anstecken und sie ließen sich taufen von den Aposteln, die durchs ganze Land und auch darüber hinaus zogen.

Die Menschen waren keine kleinen Kinder mehr, als sie sich taufen ließen. Warst du schon bei einer Taufe dabei? Erzähle, wie so eine Taufe abläuft.

Jesus hatte den Aposteln aufgetragen, in alle Welt zu ziehen und die Menschen auf den Namen des Vaters, des Sohnes und des Heiligen Geistes zu taufen. Die Gemeinschaft mit Jesus bestärkte sie darin, als Gemeinde zusammenzuleben und ihren Besitz zusammenzulegen. Sie verkauften ihr Hab und Gut und gaben jedem von ihrer Gemeinschaft, so viel er benötigte. Menschen, die Häuser oder Grundstücke besaßen, verkauften sie und brachten den Aposteln das Geld – genau das machte auch Barnabas, ein Mann aus Zypern.

Kannst du dir denken, wem die Christen etwas Geld gaben? Spenden Christen heute auch bedürftigen Menschen etwas Geld? Von welchen Projekten oder Organisationen hast du schon etwas gehört?

Besonders kranke, alte und arme Menschen mussten von dem Geld unterstützt werden. Die ersten Christen lernten nicht nur von den Aposteln, dass man gut mit anderen umgeht und ihnen hilft, sie lernten auch, wie sie zu Gott beten sollten. Sie trafen sich im Tempel und hörten dort von der Heiligen Schrift. Jesus hatte beim letzten Abendmahl den Aposteln aufgetragen, zur Erinnerung an ihn Brot und Wein miteinander zu teilen, so wie er es getan hatte. So traf man sich anfangs abwechselnd in verschiedenen Wohnhäusern, feierte Mahl und teilte Brot und Wein.

Du musst wissen, damals gab es noch keine Kirchengebäude, wie heute. Manchmal traf man sich auch in Höhlen, besonders in der Zeit, als die Christen verfolgt wurden.

Es war so, als wäre Jesus noch bei ihnen, wenn auch auf eine ganz andere Art und Weise. Beim ganzen Volk waren die Gläubigen rund um die Apostel beliebt. Die Apostel redeten nicht nur, feierten Mahl, sie heilten viele Kranke, genau wie Jesus es getan hatte.

Kommt dir das bekannt vor, für Kranke zu sorgen und sie zu heilen? Wer übernimmt heute diesen Dienst?

In allem, was sie taten, war Jesus immer bei ihnen. Weil die Gemeinde immer größer wurde, wurden die unterschiedlichen Aufgaben an mehrere Leute verteilt, es bildeten sich die ersten Ämter heraus. Später gab es Menschen, die nur für Jesu Botschaft leben wollten, sie schlossen sich in Gruppen zusammen und lebten nach festen Regeln, einer von ihnen war z. B. der Heilige Benedikt. Heute nennen wir diese Mönche und Nonnen, die in Klöstern leben.

Bis heute leben oder treffen sich immer wieder Christen, um sich an Jesus zu erinnern, nach seinem Beispiel zu leben und gemeinsam zu feiern. Besonders deutlich wird das jeden Sonntag, wenn sich die Gemeinde im Namen Jesu zum Gottesdienst in der Kirche trifft. Genau wie damals singt und betet man und man bekommt die Kommunion in Form einer Hostie.

Lehrerinformation

Die Gemeinde rund um die Apostel wuchs rasch heran und man traf sich immer abwechselnd in den eigenen Häusern, um miteinander Mahl zu halten und so Jesu Auftrag, „dies zu seinem Gedächtnis" zu tun, zu erfüllen. Wenn die Jünger sich trafen, gemeinsam aßen und tranken, erzählten sie immer wieder von Jesus. Sie dachten daran zurück, wie wunderbar Jesus gewesen war. Er hatte sich mit allen, egal ob es einfache Menschen oder Verachtete wie die Zöllner waren, an einen Tisch gesetzt. Ihnen wurde deutlich, Gott liebt jeden, egal was und wie er ist. So feierten die Christen immer häufiger im Namen Jesu und Brot und Wein wurden für sie ein Zeichen dafür, dass Jesus unter ihnen war.

Im Laufe der Jahrhunderte hat sich natürlich der Feierritus gewandelt, aber die Abfolge ist bis heute geblieben. Christen feiern auf der ganzen Welt Jesu Worte und Taten im Wortgottesdienst und in der Eucharistiefeier. Gleichwohl gibt es aber Unterschiede zwischen den verschiedenen Richtungen des Christentums, trotzdem sind Botschaftsverkündigung und Mahlhalten durch die Jahrhunderte ein wesentliches Merkmal der Messe geblieben.

Weitere Ideen:

- Einstieg: ein Plakat mit der Aufschrift „Wir treffen uns im Namen Jesu" in die Kreismitte legen und Überlegungen dazu anstellen
- Aufbau der Weltkirche: verschiedene Ämter
- Ämter in der eigenen Pfarrgemeinde
- Kirchenbau im Laufe der Zeit (Treffpunkt der Gemeinde)
- Unterschiede zu Treffen, die nicht im Namen Jesu stattfinden
- einen Gottesdienst vorbereiten und feiern
- Wie feiern Christen anderswo auf der Welt?
- frühe Gemeinden und ihre Dienste (Röm 12,1–8)

Lieder:

Schwerter Liederbuch:	Wir feiern heut ein Fest
	Christus lädt uns alle ein
	Wo zwei oder drei
	Herr, wir bitten: Komm und segne uns
	Kommt alle und seid froh
Das große Liederbuch:	Lasst uns feiern

Die Urgemeinde

Die Urgemeinde nennt man die Menschen, die als erstes nach Jesu Tod zusammenkamen, um sein Leben, seinen Tod und seine Auferstehung zu feiern und in seinem Vermächtnis zu leben.

a) Schreibe oder male, wie die Urgemeinde damals Jesu Namen geehrt haben (Mahl halten, beten, anderen helfen usw.).

b) Schreibe oder male, wie die Christen heute die Frohe Botschaft verkünden, Menschen helfen und Mahl halten.

c) Wodurch unterscheidet sich die Urgemeinde von heutigen Gemeinden?

In Jesu Namen zusammenkommen

Immer wieder treffen sich Christen miteinander in Jesu Namen, um zu feiern oder Gutes zu tun.

a) Wann und wo kommen Christen in Jesu Namen zusammen? Klärt in der Klasse Begriffe, die euch unbekannt sind.

b) Ergänze mit einem Partner die Sammlung.

- Religionsunterricht
- Wallfahrt
- Erstkommunion
- Kreuzweg gehen
- Gemeindepfarrfest
- Kloster
- Beerdigung

64 In Jesu Namen zusammenkommen

Zu Gast in einem Kloster

Liebe Kinder,

ich bin Abt Franz und leite ein Kloster mit 25 Mönchen. Bestimmt bist du neugierig zu erfahren, wie wir im Kloster leben und wie ein Kloster aussieht. Unser Leben ist von Gebet und Arbeit bestimmt, was auch unsere Regel „Ora et labora" (Bete und Arbeite) besagt. Wir treffen uns 4-mal am Tag zum Gebet, um gemeinsam Gott zu loben und zu danken. Natürlich kommen wir auch zum Gottesdienst zusammen, um in der Eucharistiefeier an Jesu letztes Mahl zu erinnern. Manche von uns arbeiten in der klostereigenen Werkstatt, wo wir Kreuze, Kelche oder kleine Bilder anfertigen. Andere gehen in Schulen und erteilen Religionsunterricht. Ich muss dafür sorgen, dass wir genug Geld haben, um uns zu versorgen und das Klostergebäude gut zu erhalten. Dies gelingt mir ganz gut, denn gern kommen Gäste zu uns, die einfach mal wieder die Stille genießen wollen. Das wichtigste Gebäude unseres Klosters ist die Basilika, unsere Kirche, mit ihrem Kreuzgang. Daneben gibt noch ein eigenes Zimmer für mich und für jeden Mönch ebenso. Wir besitzen auch noch einen großen Speisesaal, einen Klostergarten, eine Küche, eine Bibliothek, einige Zimmer für Gäste und einen kleinen Laden mit religiösen Büchern und Kunstwerken. So, jetzt muss ich aber aufhören zu schreiben, denn die Glocke ruft mich zur Vesper um 18 Uhr.

Ich wünsche euch alles Gute und Gottes Segen

Euer Abt Franz

a) Lies den Brief.

b) Du hast erfahren, wie ein Mönch heute in einem Kloster lebt. Erforsche in einer 3er-Gruppe, wie das Klosterleben früher verlief.

c) Kennst du bekannte Personen, die im Kloster gelebt haben?

d) Male nun, wie du dir ein Kloster vorstellst.

Sonntag – Tag des Herrn

An jedem Sonntag kommen Christen in Jesu Namen zusammen, um die heilige Messe zu feiern. Die Messe hat zwei große Teile, die wiederum in Abschnitte unterteilt sind, die eine bestimmte Reihenfolge haben.

a) Ergänze folgende Begriffe:

> Vaterunser – Schlusslied – Lesungen – Schuldbekenntnis – Glaubensbekenntnis – Fürbitten – Kommunion – Sanctus – Begrüßung – Gloria – Gebet – Friedensgruß – Gabenbereitung – Evangelium – Predigt

1. Wortgottesdienst → man erinnert an _____

Lied/Be_____

Sch_____nntnis (Herr erbarme dich)

Gl_____

Tages-_____

Le_____

Ev_____/P_____

Glau_____nntnis/F_____

2. Eucharistiefeier → man erinnert an _____

Ga_____

Präfation/Sa_____

Va_____

Fr_____

Ko_____

Schl_____/Segen

Jesu Auferstehung wird gefeiert

Palmsonntag	Jesus feiert mit seinen Jüngern das letzte Abendmahl.	
Gründonnerstag	Jesus lebt, er ist von den Toten auferstanden.	
Karfreitag	Jesus zieht in Jerusalem ein. Die Menschen jubeln ihm zu.	
Karsamstag	Nun sendet Jesus seinen Jüngern den versprochenen Heiligen Geist.	
Ostern	Nachdem Jesus verurteilt, ausgepeitscht und das schwere Kreuz getragen hat, stirbt er am Kreuz.	
Christi Himmelfahrt	Jesus kehrt zu seinem Vater in den Himmel zurück.	
Pfingsten	In einer Grabhöhle wird Jesus beerdigt.	

a) Immer drei Karten gehören zusammen. Male sie in derselben Farbe an.

b) Vergleiche mit deinem Nachbarn.

Jesu letzte Tage in Jerusalem

a) Jesus erlebt in den letzten Tagen in Jerusalem viele Dinge. Zu jedem Ereignis gibt es ein passendes Bild. Verbinde.

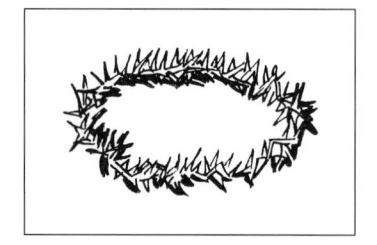

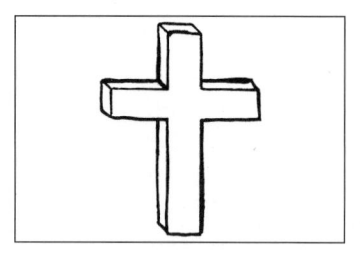

Jesu – Leiden, Tod und Auferstehung

a) Ergänze die Lücken mit den folgenden Begriffen.

> Brotbrechen – Barrabas – Stein – Geist – Palmzweigen – Gethsemani – Dornen – Vater – Judas – Kajaphas – Pilatus – Abendmahl

Auf einem Esel ritt Jesus in Jerusalem ein. Die Menschen jubelten ihm zu, winkten mit _____ und breiteten sogar Gewänder aus. In einem Saal feierte er mit seinen Jüngern das letzte Mal das _____, er teilte Brot und Wein unter ihnen aus. _____ schlich sich davon, Jesus an den Hohen Rat zu verraten. Als Jesus vor Angst im Garten _____ auf dem Ölberg betete, kamen Soldaten um ihn zu verhaften. Er wurde zum Hohenpriester _____ gebracht und anschließend dem römischen Statthalter Pontius _____ überstellt. Dieser verurteilte Jesus schließlich und ließ den Räuber _____ frei, so wie es das Volk wollte. Jesus wurde gegeißelt, mit _____ gekrönt und er musste sein Kreuz nach Golgotha tragen. Dort wurde er gekreuzigt und er starb am Kreuz. Josef von Arimathäa und sein Freund Nikodemus beerdigten Jesus in einem Höhlengrab. Anschließend rollten sie einen schweren _____ davor. Nach drei Tagen besuchten drei Frauen das Grab, doch Jesus fanden sie nicht.

Jesus war von den Toten auferstanden, er lebte. In Emmaus erkannten ihn zwei Jünger beim _____. 40 Tage nach seiner Auferstehung ging Jesus zu seinem _____ in den Himmel zurück und nach weiteren zehn Tagen sandte er seinen Jüngern den Heiligen _____. Das Pfingstfest war der Geburtstag der Kirche, von da an verbreitete sich Jesu Botschaft in alle Welt.

Ein kleines Wörterbuch zu den Erzählungen der Bibel

Weitere Informationen, Abbildungen zu den einzelnen Begriffen sowie Landkarten findet man im Internet, z. B. unter www.wikipedia.de, oder auch in Reisekatalogen und natürlich im Anhang einer Bibel.

Abendmahl

Kurz vor seinem Tod feierte Jesus mit seinen Jüngern das letzte Abendmahl, bei dem er Brot und Wein mit ihnen teilte.

Apostel

Übersetzt bedeutet das Wort „Gesandter" und bezeichnet die zwölf Jünger Jesu. Dazu gehörten: Matthäus, Simon Petrus, Jakobus (Sohn des Zebedäus), Andreas, Judas Iskariot (nach seinem Tod wurde Matthias von den Aposteln gewählt), Simon, Thomas, Jakobus (Sohn des Alphäus), Bartholomäus, Philippus, Thaddäus und Johannes.

Beerdigung

Der mit Duftölen eingeriebene Leichnam wurde auf einer Bahre zum Grab getragen, wobei Frauen den Trauerzug laut klagend und schreiend anführten. Begraben wurde der Tote meist in einer Höhle, welche mit einem großen Rollstein verschlossen wurde. Arme Menschen wurden einfach in einem Erdloch begraben.

Emmaus

Emmaus liegt 11 Kilometer von Jerusalem entfernt.

Geißelung

Bei den Juden eine Strafe, die mit Stöcken oder Ruten vorgenommen wurde. Die römische Geißel, die bei Jesus zum Einsatz kam, war eine Peitsche aus Lederriemen, die mit Knochenstückchen oder Bleikugeln besetzt war. Häufig führte diese Foltermethode zum Tode.

Gethsemani

So hieß ein Garten auf dem Ölberg nahe bei Jerusalem, in dem damals viele Ölbäume standen. Übersetzt bedeutet das Wort Ölpresse.

Golgotha

Golgotha war ein Hügel vor der Stadt Jerusalems, auf dem Verbrecher gekreuzigt wurden. Übersetzt bedeutet der Begriff Schädelstätte.

Heiliger Geist

Jesus sandte seinen Jüngern 50 Tage nach seiner Auferstehung am Pfingstfest, dem jüdischen Erntefest, den Heiligen Geist. Dieser bewirkte die Stärkung der Apostel für ihre Aufgabe, die Frohe Botschaft Jesu in alle Welt zu tragen.

Himmelfahrt

40 Tage nach seiner Auferstehung ging Jesus vor den Augen einiger Jünger in den Himmel zu seinem Vater zurück.

Hoherpriester

So hieß der oberste Priester, der allein das Allerheiligste im Tempel betreten durfte. Später war er auch Vorsitzender des Hohen Rates. Zur Zeit Jesu war Kajaphas oberster Priester und verantwortlich für die Verhaftung Jesu.

Hoher Rat

Dies war die höchste Verwaltungs- und Gerichtsbehörde der Juden, die aus ca. 70 Mitgliedern bestand. Im Hohen Rat gab es Schriftgelehrte, die Hohenpriester und die Ältesten. Wenn dies Gremium ein Todesurteil fällte, musste es vom römischen Statthalter, zur Zeit Jesu Pontius Pilatus, bestätigt werden.

Jerusalem

Die Stadt liegt im Gebirge Judäa, ca. 800 Meter über dem Meeresspiegel, 25 km westlich vom Toten Meer. In Jerusalem stand damals auch der Tempel, der aber im Jahre 70 n. Ch. zerstört wurde.

Kreuzweg

Jesus ging mit seinem Kreuz bis nach Golgota. Heute gibt es in Kirchen einen Kreuzweg mit 14 Stationen, der Jesu Leiden bis zum Tod zeigt.

Maria Magdalena

Sie sah Jesus nach seiner Auferstehung zum ersten Mal und erzählte den Jüngern davon.

Missionar

Die Bezeichnung Missionar kommt vom lateinischen Wort missio, welches Sendung oder Ausschickung bedeutet. Missionare verkünden, oft in fremden Ländern, die Frohe Botschaft Jesu und tragen so den christlichen Glauben in die Welt. Paulus war ein berühmter Missionar.

Ölberg

Der Ölberg erhebt sich jenseits des Kidrontals gegenüber der Stadt Jerusalem etwa 820 Meter hoch. Auf dem Ölberg standen früher viele Ölbäume.

Paschafest

Das Paschafest ist eines der wichtigsten jüdischen Feste, jede Familie schlachtete ein Lamm oder Tauben und opferte Teile davon auf dem Brandopferaltar im Tempel. Den Rest aßen sie bei ihrer Familienfeier, dazu wurde ungesäuertes Brot gegessen. Zur Zeit Jesu wurde dieses in Fruchtmus getunkt und mit bitteren Kräutern gegessen. Dazu trank man Wein.

Paulus

Saulus, der später unter dem Namen Paulus bekannt wurde, war Jude und römischer Bürger aus Tarsus, einer Stadt in Kleinasien. Er verfolgte zunächst Christen, doch wegen eines besonderen Erlebnisses verkündete er danach selbst die Frohe Botschaft Jesu. Er gründete viele Gemeinden und unternahm viele Missionsreisen, bis er in Rom starb.

Petrus

Er ist einer der 12 Apostel gewesen und derjenige, der die Apostelschar geleitet hatte. Zusammen mit Paulus starb er in Rom. Christen sehen in ihm den ersten Papst, auf dem Jesus seine Kirche gebaut hat.

Pfingstfest

Am Pfingstfest sandte Jesus seinen Jüngern den Heiligen Geist, damit sie in alle Welt gehen, um seine Botschaft zu verkünden.

Tempel

Der Tempel Salomons stand ungefähr am selben Ort des heutigen Felsendoms in Jerusalem. Dieser prächtige Tempel wurde vom babylonischen König Nebukadnezzar ausgeraubt und zerstört, ungefähr 587 v. Chr. Unter Herodes wird der Tempel prunkvoll aufgebaut, aber im Judäischen Krieg 70 n. Chr. zerstört. Der Tempelbezirk ist grob in drei Bereiche gegliedert: die Vorhöfe, das Heilige und das Allerheiligste, das nur einmal im Jahr am Versöhnungstag der Hohepriester betreten durfte.

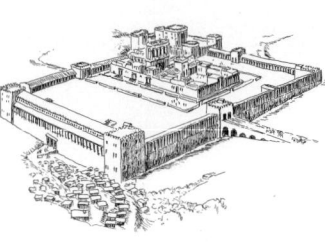